# 不要等到毕业以后

秋叶 黄晓敏 著

（升级版）

中信出版集团 | 北京

图书在版编目（CIP）数据

不要等到毕业以后：升级版 / 秋叶，黄晓敏著 . --
北京：中信出版社，2020.7（2023.9重印）
ISBN 978-7-5217-1891-1

Ⅰ . ①不… Ⅱ . ①秋… ②黄… Ⅲ . ①大学生－学生生活 Ⅳ . ① G645.5

中国版本图书馆 CIP 数据核字（2020）第 084303 号

不要等到毕业以后（升级版）

著　　者：秋叶　黄晓敏
出版发行：中信出版集团股份有限公司
（北京市朝阳区东三环北路27号嘉铭中心　邮编　100020）
承 印 者：北京诚信伟业印刷有限公司

开　　本：880mm×1230mm　1/32　　印　　张：8.75　　字　　数：147 千字
版　　次：2020 年 7 月第 1 版　　印　　次：2023 年 9 月第 8 次印刷
书　　号：ISBN 978-7-5217-1891-1
定　　价：49.00 元

# 目　录

## 第二章 / 031
# 怎样读书和学习才能成为真学霸

# 第三章 / 091

## 怎样让自己变成一个有阅历的人

## 第四章 / 137

# 大学里能不能收获爱情和友情

# 第五章 / 165

## 考研、公考、出国、就业、创业，哪条路适合我

## 第六章 / 211

# 你的生活，其实是被你的习惯塑造的

## 附 录

# 序言1

## 我想写一本帮大家做选择的书

**我不是人生导师。**

从2008年到现在，我一直坚持用“秋叶”这个网名在博客、微博、微信公众号等新媒体平台回复来自全国各地的大学生的问题。2020年，我开始通过抖音“秋叶大叔”直播答疑。

很多问题每年都被大学生一遍遍问起。比如：不喜欢现在的专业，怎么办？该不该考研？该不该听从父母的安排去报考公务员？害怕找不到好工作，怎么办？大学生能不能谈恋爱？

我发现大学生朋友最大的困难是：**害怕为自己的命运做出独立的选择。**

不会选择，不敢坚持选择，不断选择，这样的年轻人即使从大学毕业进入职场，还是会纠结，还是会迷茫，还是会浪费很多时间。

有没有什么方法能高效地帮助他们？年轻人需要的是能真正帮他们打开思维的方法，而不是让人盲目崇拜的导师。

**给没有方向的大学生只提供方向是不够的，还得提供正确的**

**方法，否则他们会因为你的建议没办法落地变得更焦虑、更迷茫。**

在《不要等到毕业以后（升级版）》这本书中，我们想分享一些实用且可操作的方法来帮助年轻的朋友们，这些方法不仅适用于学习，也适用于生活，即使他们将来进入职场，一样受用。

作为一名高校老师，我想用这些方法和思路启发大学生去行动。相比正确的大道理，我认为积极的行动更能帮人摆脱迷茫。

**这本书的定位是行动指南，而不是心灵鸡汤，更不是成功学。**

2016年，《不要等到毕业以后》第三次出版以后，我向读者承诺："如果这本书还能得到大学生们的认可，那么我会继续努力，将这本书升级和改进，使其适应时代变化。"

2017年年底，我约90后黄晓敏（网名大头敏，以下称大头敏）一起尝试重写这本书。我对她提出了一个非常具有挑战性的任务：要让95后觉得这本书接地气。

我对大头敏说："我现在忙于创业，和现在的年轻人有了代沟；而你不会，你的工作就是做年轻人的宣传工作，你自己就是90后，而且是工作做得非常优秀的90后。我们一起，应该能把这本书升级到更好。"

大头敏接受了挑战。没有想到，我们从达成这个约定到完成这本书的升级，居然花了三年的时间。其间，我从一个不玩抖音、不上B站的中年大叔，变成了一个努力吸引年轻人的直播大叔。这本书的读者定位慢慢也从95后大学生调整为00后大学生。

这次升级，我们对老版的《不要等到毕业以后》做了全面调整，使其从原来的十章内容变成大学生最关心的六大话题。对于每个话题，我们都想给大学生更接地气的案例、更好理解的表达方式和更具时代感的行动方案，相当于把整本书重写了一遍。这次升级也特别感谢西安欧亚学院的黄鑫老师和浙江财经大学的林健林老师，他们不但在写作过程中反馈了很多意见，还组织自己学校的学生试读书稿、反馈封面意见，确保新版图书贴近00后大学生的阅读习惯，特别感谢两位老师的工作。另外，特别感谢武汉工程大学王乃婧老师为这本书制作了配套网课“不要等到毕业以后”，也希望大学生朋友们喜欢。感兴趣的读者可以去“秋叶PPT”微信公众号回复“不要等到毕业以后”领取。

我还是要提醒所有的读者：**看书不能改变现状，思考也不能真正改变现状，真正能改变现状的是经过高质量思考后做出行动！**

如果你看了这本书，想和我持续互动，那么我欢迎你关注微信公众号“秋叶大叔”，我有更多有趣的文章与你分享。或者你可以直接在抖音上关注“秋叶大叔”，我在直播间等你提问。

行动起来！这也是我们写这本书最大的期待。

秋叶

2020年4月

# 序言2

## 用读大学的态度读一生，用过一生的方式上大学

这是一本写给00后大学生的枕边书。

高考那一年，我被命运之锤砸中了，获得了一个可遇而不可求的称号——高考状元，既是广东省的语文单科状元，又是一个拥有800万常住人口的地级市的文科状元。据说，当时我是我们学校50年一遇的状元，写有我名字的横幅被喜气洋洋地挂在了学校外的天桥上。顶着这样的光环，我进入了岭南最好的学校中山大学就读。

没想到“高考状元”也会成为我大学生涯的负担。我不敢试错，怕做得不好，怕被别人嘲笑“状元也就这点本事”。学法语的时候，为了不让学得比我好的室友嘲笑，我躲在床上戴着耳机学，结果学了一口哑巴法语；写论文的时候，我想要憋着放个大招，便选了一个惊天动地的“大题目”，结果难度太大而难以下手，还不如一开始就选“小题目”的同学写得好。

不过，也因为怕丢脸，我不得不全力以赴。我看了非常多的关于如何读大学的书，知道了人生有无数的可能性。大一的时候，

我在院报上发表文章；大三的时候，我到欧洲排名前五的法学院交流一年，代表中国参加国际性的青年峰会。另外，我每年阅读100本书，每年至少参加一次实习，获得优秀毕业论文奖，还收到两个提供奖学金的硕士研究生offer（录取通知）。

我最后选择回到家乡工作，虽然工作在机关，但我是所有岗位里和年轻人打交道最多的人。我的微信青年好友超过3 000个，我一直和年轻人在一起。我虽然毕业快10年了，却感觉自己从未离开过大学，一直都像17岁刚上大学时那样，满怀着对世界的好奇心。

**我发现自己在用读大学的方式读人生这所社会大学。**

工作期间，我在职攻读MPA（公共管理硕士），选修了编辑、英语、摄影、演讲、写作、PPT（演示文稿）和公共管理课程，顺利取得学位，还曾到美国公共管理学科排名第一的学校雪城大学访学。

我担任单位刊物的责任编辑，共编辑了18期杂志。我在秋叶大叔的写作训练营担任助教，帮助朋友和社群编辑出版了6本书，还在《中国共青团》杂志上发表过封面文章。

我从一个演讲两分钟都会发抖的人到夺得头马演讲俱乐部（Toastmaster）的比赛冠军，每年都应邀做20场左右的培训，同时担任东莞市委党校的兼职讲师。在精耕业务之余，我还参与了一个国家级展会的策展和执行工作。

2017年，我在武汉参加中国志愿服务讲师培训，与秋叶老师见面。半天时间，我们似乎把半生的遭际都聊过了。我感慨：**“读**

**大学的时候，我觉得四年就像一辈子，每个阶段都有每个阶段的奋斗目标；毕业以后，我觉得一辈子都应该像读大学一样，保有小步快跑的热情、勇敢试错的勇气和永不熄灭的好奇心。”**

秋叶老师说：“我从教20多年，凡能够用对待一生的态度郑重对待大学学业的同学，一般都不会混得太差。能够一直用上大学的态度去拥抱社会的人，可以走得很远。”

他思索了一下，突然问我：“我有一本销量超过20万册的畅销书，这本书是写给大学生的，书名是《不要等到毕业以后》。到了这本书需要改版的时候，你是否愿意和我一起执笔？”

我的这位偶像竟然对我说：“我们一起写本书吧！你的经历会对同学们很有启发的！”我激动得不知说什么好。**我在毕业以后读过这本书，我在读的时候就非常懊恼为什么没有在毕业前读。**秋叶老师的PPT图书、Office线上教程，让我在大学和工作中都获益良多，我一直都把他视作我的良师和明灯。

那一年，距离我大学入学刚好10年，正是我决心要摆脱“高考状元”这个标签的时候——我应该因为其他标签被人们认识，而不只是那一场考试。整整10年的记忆翻涌心头，**所有吃过的苦、落过的泪、灯下的光，所有风景与远方，所有书卷与论文，全部原地复活。**

我很开心地答应和秋叶老师合作，原本想着我有在共青团“青年之声”系统回答大学生问题的经验，还有在中山大学政务学院作为职业导师和那么多同学交流心得的经验，升级这本书应该是一件很容易的事情，没想到……这一写就是三年，途中经历了不断的推倒重来、无数的自我否定，还和上百名大学生进行过对话。

秋叶老师和我反复讨论这本书要怎么改写。2013年读这本书第一版的同学们，带着笃定或是遗憾早就已经走上了工作岗位。我访谈了前几版的忠实读者，得到了许多宝贵的反馈：哪些内容“幸好毕业之前就知道了”，哪些内容“一看就懂一做就忘”，哪些内容“如果我那时知道就好了”。

即将读到这本书的同学是刚刚走上社会舞台的00后，而作为互联网原住民的我们必须跟上时代的步伐。因此，我们对之前的版本做了大刀阔斧的修改，从专业选择、知识学习、社会实践、友情爱情、毕业规划和自我管理方面，提炼了60多个最多人问、最绕不开、最有价值的话题。我们还邀请了大学教授、资深编辑、青年作家、高校辅导员、共青团团干、秋叶读书会以及大学生朋友对书稿提出大量宝贵意见，在此特别表示感谢。

我们愿意花时间去打磨这本书，希望你在看到这本书的时候觉得我们是带着诚意来写的。

希望你喜欢这一场毕业之前的相遇。

黄晓敏

2020年4月

# 第一章

# 选个好专业，才能找到好工作？

# 1.1

## 专业和就业要对口？不存在的！

我和大头敏聊天，发现她本科读的是法学专业，并且通过了司法考试（后来改名为“法律职业资格考试”），还在法院、律师事务所和司法局实习过，结果她毕业后并没有从事过一天法律工作，反而从事了与法律不直接相关的公务员工作。在她的法学院同学中，也有很多人没有从事法律工作。

那么，大头敏为什么选法学专业呢？原来她读高中的时候，看了很多律政剧，觉得做律师是一件很酷的事情，就下定决心要读法学专业。在同一个时代，在同一批看剧的人中，很多考高分的同学也做了同样的选择；直到大二，还有很多同学费尽力气从其他专业转读法学。

当时，大头敏的同学都觉得自己将来的人生非法律这一行莫属。她经常可以看到几个同学激烈辩论法条和案例的情形。学校里一些热门法学课程一开放选课系统就被报满，而没报上的同学只好旁听。中山大学有四个校区，从其他校区过来旁听的同学也不在少数。在一位“刑法”讲得非常精彩的老师的公开课上，阶梯教室连过道都坐满了学生。

那几年，中国经历了法学专业招生的火爆景象。的确，经济的发展必然带来法律行业的繁荣，法官、检察官和律师这些与法律相关的职业进入了人们的视野，听起来又体面又高薪，再加上许多法律电视剧的热播，因此很多学生都非常希望攻读法学专业和从事与法律相关的职业。高校纷纷根据“市场需求”开设了法学专业。

法学专业招生大爆发引发了就业难。法律职业门槛很高，司法考试作为进军法律界的头一关，号称“天下第一考”，每年仅有6%的通过率。假设你通过了司法考试，你会发现法律职业的入门职位薪水偏低，有可能远远低于同届其他专业毕业生的平均薪酬。这时，每个法学毕业生都面临这样一个选择：接受较低的收入并努力熬过起步阶段，还是转投其他薪酬更高的行业呢？

在生存面前，很多人都会选择后者。

大头敏毕业时没有选择参加司法考试（毕业三年后才参加了司法考试，并通过），却报了公务员考试。曾准备成为一个法律人的她，误打误撞地进入了公共服务领域。但她发现，法律训练给她带来的逻辑思维方法、信息搜索能力和快速学习能力，在机关写材料、做会务及搞活动等工作中全都派得上用场。

国际贸易、电子商务和工商管理等专业，同样遭遇过招生大热、就业大冷的情况。但我们也发现，即使就业再难，毕业半年后，大部分人也都会开始工作，无非专业不对口而已。

谁说一个人的自我价值只能通过大学专业方向来实现呢？专业、选择和兴趣，都只是实现人生梦想的一座桥梁而已。

畅销书《拆掉思维里的墙》的作者古典老师，在大学学的是建筑专业，毕业以后去了新东方当老师，后来又从新东方跳槽出来做职业生涯规划顾问。他在另一本书《你的生命有什么可能》里就说："人生不应该是被规划出来的——规划就意味着你的人生有一群'专家'比你更懂。好的人生，就是在自己热爱的领域努力地玩。"

我大学是在武汉科技大学（原武汉钢铁学院）机械系读的。在2000年硕士毕业后，我应聘到武汉一家IT（信息技术）公司做软件实施项目经理，两年后跳槽到武汉工程大学教机械制图。现在，我因为推广"和秋叶一起学PPT"系列网课而被更多人知道。

**大学专业是人生的一次定位，并不能完全决定你未来的发展可能。**

时代的步伐越来越快。2015年，我们谁能想到现在手机支付、滴滴打车、外卖到家、共享单车、智能快递柜、知识付费会快速普及……我们的生活每天都在发生剧烈而深刻的变化，五年后必然也会完全不一样。

在当下，重要的不是你选择了一个好专业，而是在大学里学会自学，掌握能让你在职场"加速跑"的实用技能。

**没有人能准确预测未来，企图用一次选择锁定成功的人，不过是想用固定的坐标寻求安全感罢了。**

# 1.2

## 冷门专业一定难就业？不是的！

在选择专业时，有的学生喜欢那些听起来响亮、洋气的专业。比如，有些专业加个“国际”“智能”“管理”的名头，听起来很高大上，似乎代表着学这些专业的人是稀缺人才。

好名字确实能够自带流量，因此有些专业成了热门专业，而那些平常的或者听起来比较陌生的专业就变成了冷门专业。

但是，专业冷门不等于就业冷门，专业热门不等于就业热门。

很多听起来像冷门专业的学生到了就业时并不难找工作，而很多热门专业的学生在就业时可能会遇到困难。所选专业和就业之间存在四年时间差，四年下来，相关专业的人才市场可能已经饱和了。有些专业在学生入学时还“热乎乎”的，在学生毕业的时候就“凉飕飕”了。

对于专业好不好就业，专业热门度还真排不上影响因素的前三名。

**首先，不同城市大学的区位优势是决定就业去向的首要因素。**

如果你的学校在北、上、广、深一线城市，或者在长三角、珠三角等经济发达区域，并且学校在当地就业市场的口碑不错，那么无论你学什么专业，都相对容易在当地找到好工作。

占据好区位的学校学生，在大学的时候有很多当地实习机会，容易得到锻炼，也容易留在本地就业。久而久之，这些学校就会树立好的口碑，很多知名企业会对“哪个学校的学生优秀”有自己的印象，每年会定向去这些学校招聘。

某211大学有一个著名的“2+2”国际交流项目，参加项目的同学可以选择美国的两所大学——在相对偏僻地区（印第安纳州）的名校P和在发达地区（迈阿密）的相对不知名学校F——之一去研修。猜猜同学们会怎么选择?

一位参加过这个项目的同学说：“单从名字来看，学校F名不见经传，而且听起来很山寨，我们想在综合排名榜上把它找出来都很费劲。可当时，在我们那一批出国留学的同学里，去那里的同学在数量上可是占了压倒性多数的。”

为什么会这样呢?这位同学解释说：“与学习并重的是工作和生活。除了学习，我也希望能实地见识一下当地的风情并参加社会实践。区位选择对了，我才能得到这些东西。作为一个举世闻名的旅游城市，迈阿密既是诸多豪华邮轮公司的母港，也是旅游资源和人文资源极其丰富的宝地，赌场、夜店和酒店在这里都发展得极其繁盛，每年招待全世界来的游客众多……反正机会超多，实习、见识的机会自然也多。”

**其次，相比你学的是什么专业，企业更关注你真正学到了什么。**

你可能学了一个“热门专业”，比如机械自动化，这个专业确实很不错，也不缺好单位招人。但是，如果你学得不扎实，根本不能做事，很多单位就不会录用你。

你可能学了一个“冷门专业”，比如哲学，这个专业听起来就不好就业。但是，如果你认真扎进去学，培养了自己的思辨能力、写作能力和表达能力，那么几年下来，你的信息归纳整理能力、PPT制作能力、演讲能力和团队合作能力（这些都是用人单位所青睐的）都会得到锻炼，你反而有机会在很多企业的管培生培养计划中冒尖。

很多学英语的同学特别有危机感，觉得自己读了一个“不是专业的专业”——英语大家都会，自己多学了四年，也就比别人好一点儿而已，根本就不算拥有安身立命的本领。

正是这种危机意识，让很多英语专业的同学在大学期间非常努力。除了学好课程，他们还很注重参加社会实践和对外交流。毕业时，他们有非常漂亮的履历；面试时，他们落落大方、侃侃而谈，用人单位都喜欢。

**最后，真实的市场需求变化也会影响就业。**

有些专业并不那么为大众所知，但它们的就业需求一直相当稳定。比如，北京大学每年的古生物系只招一个学生，但这个学生走学术研究的职业路径是非常稳定的，他不用为就业而发愁。

同样是学外语，一些应用广泛的语言，比如4.8亿人的母语西班牙语，以及使用范围仅次于英语的联合国官方语言法语，每年都招生。但是，类似阿拉伯语、立陶宛语、波斯语这样的小语种，则有可能是两年或者四年才招生一次，这些超级冷门的专业的学生也不用担心就业——外交部、央企海外机构、跨国公司中国办事处及外贸进出口公司都在热烈地向他们招手。

冷门专业现在看是冷门，但在未来社会可能成为热门。所以，专业不必看一时冷热，只要进了大学，你就要为一生职业做知识储备。

不管你读的是热门专业，还是冷门专业，记住乔布斯说的一句话“Stay Hungry，Stay Foolish”（求知若饥，虚心若愚），不要松懈，在大学阶段要尽可能全面发展自己。这样，不管毕业时你的专业是冷还是热，你都肚里有货，心中不慌。童话大王郑渊洁有句话说得好：“铁饭碗的真实含义不是在一个地方吃一辈子饭，而是一辈子到哪里都有饭吃。”

**读大学，要争取把自己读成去哪个行业就业都能有饭吃的人。**

# 1.3

## 我不喜欢自己的专业怎么办

“假如我读的是自己喜欢的专业，我肯定能学好。”

你也曾有这种想法吗?

大部分大学生都会经历一段怀疑自己专业的时期，往往发生在大一、大二的基础课阶段。基础课枯燥，容易让人失去兴趣。可是，万丈高楼平地起，如果你不打好基础，直接去听高年级的专业课，那么你可能消化不了。因此，很多人内心越来越苦恼：“这个专业到底适不适合我?”

我遇到一个学生，他一直想读机械工程专业，但因为分数问题，他报考的重点大学把他调剂到了计算机专业。他总觉得自己对编程、代码、软件没有兴趣，也试着静下心去学习，虽然可以把数学、物理等基础课学得很好，但是对于专业课总是有很强的抗拒感。他自学完了大一、大二的基础课，跑到大三、大四的专业课上去旁听，结果发现自己还是对计算机专业没有兴趣。

他也曾想尽办法试图转到机械工程专业，却都没有成功。这一切让他觉得自己跟理想的工程师事业越来越远。大二的时候，他狠下心做出了一个决定：放弃国内学业，出国从头再来，一定要读自己真正感兴趣的专业。

抱着这样的信念，他去了新西兰，从语言班开始念。久违的学习热情一下子回来了，他每天上课、做作业并与同学交流。三个月下来，他的雅思成绩考了7.5分，还达到了新西兰所有学校全部专业的录取要求。

按照通常的观念，他自然是选名气更大的学校。但这位同学经过了一次专业选择的挫败，反而非常清醒理智，并没有选择新西兰综合排名最高的奥克兰大学，而是选择了新西兰机械工程专业排名第一的奥克兰理工大学。

转到自己喜欢的专业后，他越学越起劲儿，还一口气刷出了高分GPA（平均学分绩点），并自学了SolidWorks、CAD等机械制图软件，在大四上学期还收到了心仪公司的offer。

听起来，我们都应该向这位同学学习，换一个自己喜欢的专业去读，对不对？

但我要提醒大家，这位同学在换专业之前，做了一件很重要的事情：**努力去了解自己正在学的专业，甚至强迫自己加快学习进度，体验高年级课程，确定自己真不喜欢目前的专业，才毅然选择换专业。**

在你说喜欢或者不喜欢一个专业之前，我建议你去了解一下这个专业，至少你要能说出这个专业是学什么的，要学哪些课程，以及将来在哪些行业、哪些岗位能够发挥怎样的作用。

如果你对这个专业一无所知，那么你凭什么说这个专业适合你或者不适合你呢？**会不会所谓的不喜欢，只是你在学习时遇到了挫折，给自己一个放弃努力更心安理得的借口呢？**

在纠结是否要换专业时，你可以试着问自己三个问题：

**第一，我了解自己现在的专业吗？**

**第二，我了解自己想调换的专业吗？**

**第三，我想过十年后社会更需要哪种人才吗？**

回答完这些问题，你得先试试能否培养对当前专业的热情。

我有个同学，他读的是自己并不“喜欢”的机械专业，但他依然努力学习，把专业成绩考好。优秀的专业课成绩为他带来了奖学金，他可以用这笔钱去购买自己想学的书和课程。结果，因为他的学习成绩好，很多同学都向他请教问题，甚至还有一些同学夸他有天赋，他慢慢觉得“或许，我只是入门慢，并不是真的跟这个专业无缘”。

有的同学可能会说：“我真的努力了很久，却依然没有起色，是不是我没有这方面的天赋，所以不适合读这个专业。”

你即使有最好的天赋，也需要不断修炼才能成器，“勤奋+坚持”是学习任何专业都必不可少的态度。

除了个别专业，当今大学里面的功课，大多不要求你有多么高的智商和天赋。而且，绝大部分你看到的“天才”，都经过了艰苦的专业训练。抱怨自己很努力却没有成效的同学，也许要反思一下，真正的问题不是你“选错”了专业，而是你没有掌握大学的学习方法。

由于大一、大二枯燥的基础课以及老师点到为止的讲解，我们需要在大学利用图书馆主动搜集信息和查看更多文章，通过写小论文和参与社会实践，培养自己的自学能力。如果一切都依赖老师教，那么这肯定不是大学的学习模式。

你所在大学的教育也许并不完美，你也不一定喜欢所学的专业，但这并不能成为你不努力的借口。正因为有遗憾，我们才有奋斗的空间。**大学的意义远远不只是教会了我们各种“知识”，还教会了我们解决问题的“方法”。**

## 1.4

## 转专业之前，你要先做这些事

如果你下定决心转专业，那么以下这些事情是你要去做的。

## 1. 了解你心仪的专业

（1）就你想要学的专业名称进行网络搜索。如果你发现专业介绍里面有不懂的专业术语，那么你要继续搜索，直到了解这些术语的大概含义为止。

（2）去学院官网看看专业介绍。

（3）去学院官网或教务系统查阅该专业的专业课目录和教学大纲，深入了解学院开设了哪些专业课以及这些专业课能解决什么实际问题。

（4）去知乎搜索所学专业的关键词，看看能否找到你想要的有用信息。

（5）搜索关键词“专业名+就业”，看看能否搜到有启发的文章。

（6）请教几个师兄师姐，问问他们对所学专业的看法。

（7）关注一下回学校做讲座的校友，尤其是那些有影响力的校友，在领英、百度百科上搜索他们的信息，了解他们的职业发展路径。如果可以的话，你应抓住讲座提问机会当面向他们请教。

（8）下载在行App（应用程序），用你所学专业的关键词搜索，看看能否找到好的行家，争取有机会约见一次。

如果有一天，你要考研，那么你还可以多问自己这样几个问题：

- 你考研的专业是学校的强项专业吗？（可以查询专业排名）
- 这个专业需要上什么课程？（可以查询教务系统）

- 心仪学校该专业的研究方向和其他同类学校有什么不同？（可以查询官网或者询问该专业的学生）
- 每门课的老师都是谁？这些老师的学术背景如何？（可以上学校或学院官网了解师资力量）
- 任课老师的课题多不多？（可以上中国知网搜索他们的论文）
- 能不能约到学长学姐，听听他们对老师的评价？（研究生阶段，同门学长学姐对老师的评价是最准确和中肯的）
- 你有没有机会去学校旁听这些老师的课？（听课可以让你接触老师本人和了解他们的教学风格）

## 2. 熟悉转专业的规则

专业不是说转就能转的，你要了解具体的规定。每个学校都会出台有关转专业的文件，一般会发布在学校官网的教务网站或学生手册上。

一定要记住：正式发布的文件比道听途说的传闻要靠谱，学校官方的消息比师兄师姐口述的准确；同样，渠道发布文件的时间越近越好。

你如果有什么不明白的地方，就要赶紧去请教教务老师或负责老师。如果院级的老师回答不了，你就去问校级的老师。你无须担心自己跟老师不熟，也不要怕老师不愿意回答。

你要对自己的未来负责，因此你要勇敢提问；而老师要对自己的学生负责，他的工作职责要求他必须详细为你解答疑问。例如：

- 转专业的比例是多少?
- 是否需要安排统一考试?
- 考试安排在什么时间?
- 对原专业的GPA或成绩有没有要求?

这些问题都很重要，将直接影响你转专业的准备工作。

**我们可以输在技不如人上，但不能输在不懂规则上。**

你需要找到学校的相关规定，认真阅读并形成一个行动方案：我的条件是否已经达到要求?如果没有的话，那么我该怎么做?我现在可以做什么?我下一步需要做什么?

学校每年的转专业规定有可能不一样，但不要等到文件发布了才开始行动。学校流程每年都差不多，因此你要尤其留意上一年度的转专业通知。等到最新的通知发布，你应已经有所准备了。（当然，新文件出来以后，你还是要一字不落地加以阅读和对照。）

## 3. 转专业成功后，要加快学习，追上进度

转专业之前，你不仅需要做很多准备工作，还要把自己的本专业学好。在某大学的转专业规定中，其中一项要求就是“学习成绩位于本专业前20%”。

有的同学就很郁闷：“我不就是因为学不好才想转专业吗?我要是能考入专业前20%，那我还转什么呢?”

殊不知，大学的学习逻辑是不论喜不喜欢某个专业，你都应该有良好的自学能力把它学好。

对于中途转专业的学生来说，这点尤其重要。学生在大一学的大部分是基础课，而一个连基础课都没有学好的同学，很难让学校相信他有良好的学习能力且能够适应转专业的挑战。将来到了职场，自学能力更重要。比如，我早期并不喜欢做PPT，但是因为工作需要，我不仅学会了做PPT，还学会了教PPT，现在已经把“教大学生做PPT”做成了一项小事业。

转专业成功后，我们还要付出加倍的努力，因为转专业一般会安排在第一学年结束后。也就是说，你会比其他同学落后一个学年，所以你必须用剩下的三年学完别人四年所学的专业知识。

值得欣喜的是，转专业并不意味着从头开始。很多公共课的学分是可以直接认定的，专业课的学分也可以转为选修课学分。而且，你用一个大学的时间，体验了两个专业的学习氛围，认识了两个专业的同学，很可能你还会把原专业的知识迁移到新专业中来，从而发现新的乐趣。

加油吧，青年！**为自己的选择负责，为自己的愿望拼尽全力！**

# 1.5

## 大学里没有围墙——选择你感兴趣的课程

大学里除了规定的课程需要学习，还有很多让你扩展视野和知识面的方式。

### 1. 去蹭自己想听的课

现在很多大学的教学楼都是共用的，楼道里张贴了整个学期的课表。你可以在课表里找到你感兴趣的专业课，然后找时间去旁听一下，也许就能找到自己真正喜欢的课程和老师。

每个学校都会有自己的“明星讲师”，他们或风趣幽默，或博学多才。不知道自己想学什么时，你不妨“追星”学习，就像逛书店时与一本意外的好书不期而遇一样。

现在很多大学都建在大学城里，我们也不用把自己圈死在围墙里，去隔壁学校听听别的课也会很有意思。

### 2. 上选修课

如果你想上的课和你本专业的课时间冲突，那么你可以考虑选择开在晚上的公选课。在选课时，我们鼓励大学生给自己开辟更多的可能性，学一点专业之外的知识。毕竟，乔布斯当年凭兴趣学书法课的时候，也没有想到这段学习经历有一天会为苹果公司产品的设计感奠定基础。

### 3. 参加讲座

多元化的讲座是大学里的一大亮点。绝大多数高校都有自己的各种品牌论坛，有机会你一定要多听一听，这对扩展自己的视野有很大的帮助。

我和团队小伙伴就经常接到高校的官方邀请，去给大学生们做各种分享。

## 4. 修双学位

**如果你不想或不能转专业，但又想多学一个专业，那么你可以关注学校的双学位、双专业及辅修制度。**

双学位是指你在获得第一学士学位的基础上，全日制再主修另一学科门类本科专业，在达到本校规定条件后被授予第二学士学位。

双专业是学生在修读主修专业的同时，修读其他专业作为第二专业。

辅修则是指在学有余力的情况下进行其他课程的修习，通过相应考试，从而获得辅修证书。

它们的共同点就是能为你打开另一个专业的窗户，而区别主要在于学分数量不同。

很多同学以为修双学位要承担双倍的学业量，其实不是。认真读一下学校的规定，你会发现修双学位只是要求多修一部分选修课学分，而这些学分又可以冲抵一部分你原专业要求的学分。

选读双专业时，你也要清醒地认识到，它只是为你的人生多创造了一种可能，而不能对你的未来做任何保证。

“我是医学专业里法学学得最好的，又是法学专业里最懂医学的。”——不好意思，我招医生，就想要一个专业精湛的医生；我招律师助理，就是要找精通法律的，我不需要一个两边都是半桶水的。

“我是工商管理专业里英语学得最好的，又是英语专业里最懂工商管理的。”——商业世界涉及很多外贸知识，一个英语好的商科人自然是非常受欢迎的。

所以，在选择第二专业时，你首先要分析市场需求，选“1+1>2”的搭配；其次跟随自己的兴趣，无论专业有没有用，你都学得很开心，那么根据兴趣选第二专业便是值得的。

## 5. 选择大规模开放慕课平台

清华、北大等名校早就把自己的课程免费放到网络上了，可以圆你一个清华北大梦。中国慕课大学、可汗学院、Coursera等平台提供了成千上万门全世界顶尖大学的优质课程。

**世界是一本打开的书，等着你来翻阅。**

由于2020年春节的新冠肺炎疫情，几千万大学生在家上了几个月的网课，已经很熟悉网上教学了。连小学生都开始上网课了，你还有什么理由说自己找不到课上?

## 6. 选择知识付费平台

现在有很多知识付费平台，每个平台都有自己推出的精品网课，有的还会配套社群、答疑、作业等形式。对于想学技能的同学来说，它们也是很好的选择。现在做得比较成熟的平台有得到、网易云课堂、淘宝好学、CCtalk等。

特别推荐一下网易公开课（http://open.163.com/）。在这里，你可以看到国际名校公开课、中国大学视频公开课、TED（专注于技术、娱乐、设计的非营利机构）演讲、可汗学院公开课等精品课程——都是免费的。足不出户，你就可以和世界同步。

### 7. 自学

如果你觉得学校里的课程不能满足你的需要，那么我还有一个方法，那就是去图书馆自学。

有个小技巧：搜索你的“学科英文名+syllabus（教学大纲）”。一般能找到国外大学该学科的授课大纲——一般做得非常详细且每一章的必读文献和补充文献都列得很清楚，然后你按图索骥去借书看就可以了。

**永远不要抱怨大学里没有你感兴趣的好课，网络已经彻底打破了藩篱，只有你想不到的课，没有你找不到的课。**

## 1.6

## 让自己成为T型人才——一技之长和博采众长

有一个生动的说法，即一个人要成为T型人才。T字母包括一横一竖，竖代表专业水平，横代表知识储备。也就是说，一个人既要有扎实的专业知识，像钉子一样能直击痛点、解决问题，又要有触类旁通的能力，眼界丰富，像桥梁一样能够跨界整合资源。

要想成为T型人才，你不妨在进大学时就开始准备。

## 1. 先从一竖开始

网上有一个PPT设计大神，叫阿文。他的设计生涯就是从参加一次需要做PPT的创业比赛开始的，此后他就潜心研究、边学边做。

阿文刚刚做出来的PPT，其实也很土，但是他愿意做。随着做PPT的机会越来越多，他从网上学习各种技巧，慢慢地从PPT跨到了PS（图像处理软件）领域。做着做着，阿文掌握了很多设计软件技巧，各种小插件玩得很溜。慢慢地，阿文成了学校里的“设计达人”。他在微博上发PPT教程并@秋叶，我震惊了。我马上约他合作“和阿文一起学信息图表”“我懂个P”等网课，这些都已成为爆款课程。现在，阿文的设计作品是PPT领域的标杆。

在训练一项技能时，你可以先从一个点开始，让自己比普通人好一点点。这个小小的领先优势，可以让你充满自信，从而促使你投入更多、跑得更快。慢慢地，等你优势累积起来以后，别人就很难在短时间内超越你。

衡量一个人的工作能力，首要的是看他能否出色地完成自己的本职工作。一个美工就算没有文字功底，不懂任何运营策略，只要能够做出非常精美的设计方案，就绝对是一个优秀的美工。

**再剽悍的人生也是从一个点取得突破的。**

## 2. 抓住机会拓宽你的技能和知识

如果你特别爱写作，那么你是不是也可以尝试演讲？写作和演讲的底层逻辑都是表达，都是要抓住受众的注意力。

如果你特别擅长考试，那么你是不是可以把自己的经验总结成方法论与更多的人分享？说不定你就会顺手成为知乎达人。

如果你学的是服装设计等与美学相关的内容，那么你是不是也可以学一学摄影和视频剪辑，让自己的审美知识和观念影响更多的人？

毕导是清华大学化工系的博士，妥妥的专才。刚开始写公众号推文时，他就靠一篇《一个清华博士在供暖前给广大学子最中肯的建议》爆红，随后开始用科学知识写“好玩段子”，现在已经开设了自己的自媒体公司，拥有百万粉丝。

**用现在的话说，你的一技之长在各种能力的加持下，就很容易使你“出圈”了。**

## 3. 积累思维框架，让自己真正成为T型人才

当在一个小点上获得突破时，你一定要复盘总结，形成自己的思维模型并在不断的复盘中加强巩固。你可以在大脑里多储存几种框架，遇到事情时，便可以用不同的框架对比思考，这样更容易做出好的选择。

《5分钟商学院》的作者刘润就特别擅长分析别人的商业模式，把自己观察到的思考写成文章和书，还开设了得到课程。

品牌策划人华杉写了《超级符号就是超级创意》，阐述自己对

超级符号模式的思考和运用，尤其是他操盘的厨邦、西贝和孔雀城品牌，把操盘思路剖析得很透彻。

吴晓波观察了中国企业的发展历程，从《大败局》开始，一口气写了《激荡三十年》《跌荡一百年》，这些都是现象级的畅销书。

这几位都是分析归纳模式的高手，我推荐给大家了解。

大学生还很适合学习思维导图。思维导图有助于你迅速形成拆解和重建的能力，对你以后进入职场很有帮助。

**做T型人才并没有什么诀窍，无非是做专才时建立属于自己的思维框架，做通才时复盘自己的思维框架。**

很多行业的业务流程和工作方法是可以通用的。比如，一个好销售员绝不是只能在一个行业做销售，一个技术人员也不是只能设计一种产品，一个管理者也不是只能管理一类公司。

不过，我要提醒大家，没有任何模式是放之四海而皆准的，我们要时刻准备破除自己的旧有观念。

如果有的思考框架大家都知道了，这就意味着这类武器都被大家掌握了。好比分析股票的一个软件，如果大家都在使用，这个软件的边际效应就会递减。

更不要因为某个框架在某些领域运用得很成功，你就形成了对它的依赖。卡斯帕罗夫在《棋与人生》中说："当你依赖某种模式获得巨大成功时，它就成为你最大的弱点。你看不见，但你的对手看得见。"我们就是在不断证明自己、否定自己和突破自己当中获得螺旋式成长的。

# 1.7

## 从演讲学到的一本万利的技能

大头敏获得合作写书的机会，就是因为一场演讲。她到武汉拜访我，刚好我晚上有一个讲座，她主动请缨帮我做开场。她的开场演讲非常精彩，让我一下子意识到这是一个人才。第二天，我就邀请她一起来写这本《不要等到毕业以后（升级版）》。

演讲能力很神奇吧？得到的知名专栏作家万维钢说，**当你不知道要学什么的时候，就去学演讲吧。**

Presentation是大学里常见的学习形式，主要就是让同学们上台去讲述某个话题，一般需要配套PPT进行演示。但这种形式也可能是很多同学的噩梦——既不喜欢做PPT，又不喜欢上台演讲。

曾经有这么一个段子。在古罗马斗兽场上，一位角斗士和一头凶猛的狮子准备比赛，输的只有死路一条。角斗士悄声跟狮子说了一句话，本来气势汹汹的狮子突然浑身发抖，掉头跑了。角斗士到底说了什么？他说："听说，比赛获胜的一方要发表演讲。"

据心理学家调查，在人们感到最恐惧的事情里，死亡排名第二，而公开演讲排名第一。演讲者在台上俯视着台下一双双亮晶晶的眼睛，就像自己在雪夜里被狼群包围，身上的每一处缺陷都被看得清清楚楚，内心除了想逃跑还是想逃跑。

演讲能力很重要，政治家需要通过一场场的演讲阐述自己的施政纲领，创业者需要做路演去赢得风险投资，职场白领需要做汇报来赢得客户。演讲能力也不难入门，只需要经过三个月的大量练习，你就足够让自己高出普通人一大截。

很多学演讲的人会加入头马演讲俱乐部的演讲练习社群。头马演讲俱乐部是一个全球性的NGO（非政府组织），在一线城市里的分布密度很高，同学们可以关注一下。

头马演讲俱乐部每周举办一次“例会”，会议中设置了备稿演讲者、即兴演讲者、主持人、点评人、语法官、时间官、哼哈官（赘语官）等十几个角色。无论新手还是老手，你都可以获得针对自己演讲水平的反馈。

- **备稿演讲者**需要提前准备演讲稿，会面对忘词、超时或冷场等困境，从追求一字不差到收放自如。每一次备稿演讲，你都要对自己提出比上一次更高的要求。
- **即兴演讲者**只有两分钟，需要当场发挥，能充分锻炼自己的现场反应能力。
- **主持人**需要串场，把握整场的节奏，可以练习承上启下的能力。
- **点评人**需要聆听和观察，关键在于“白璧微瑕”，给予充分的赞美，同时提出可以改进的地方。
- **语法官**负责捕捉演讲者的金句，锻炼倾听和归纳的能力。
- **时间官**负责计时，对达到演讲最低时长、即将到时、到时、超时等情况都需要加以提醒，自己也会形成演讲的时间感。
- **哼哈官**负责记录“嗯”“然后”等无意义的赘语，以便让演讲更加流畅。

你也可以选择一个适合自己的演讲社群或者一个演讲培训班，同时可参考下面几条建议：

- 保持一定的练习密度。如果你一个月只练习一次，那么这是远远不够的。**在小白和高手之间，隔着100次刻意练习。**
- 为自己选择一个练习的舞台。比如，报名参加一个必须公开发言的项目。我们最容易找借口放弃，但如果我们参加了一个创业路演比赛，我们就很难找借口逃避。
- 加入一个演讲社群一起练。演讲是一件需要当众练习的事情，只有找到同频的小伙伴共同进步，你才能得到反馈和启发。
- 每次练习以后都要复盘。每次发言的时候，你都可以给自己录像，在回看的时候发现自己的不足。

演讲终究是一项从“练习”中习得的技能，市面上有很多优秀的演讲表达的书，比如《演讲之禅》《攻心说服力》《麦克劳林教你公开演讲》等。然而，纸上得来终觉浅，不走到台上，你永远都不可能真正掌握演讲技能。

每上一次台，你的紧张都会少一分，自信都会多一分，你每一次都能感觉到自己内心对演讲的恐惧感在减少。这就是刻意练习的力量。

对了，大头敏也是在工作后的第六年才下定决心要去学习演讲的。她在第一次走上头马演讲俱乐部舞台进行两分钟即兴演讲时，一样双腿发抖，脸颊滚烫，心跳加速。但是，经过半年练习，她已经可以一口气做两小时的培训工作了。

**所以，你要准备开始演讲练习了吗?**

# 1.8

## 为什么你应该学点Office

Office软件看似人人都会，但大部分人都没有掌握其基本的使用方法。

大头敏大一时成了学院院报的记者，接到的第一个任务就是采访一位老师和他负责的国际交流项目。那位老师对文字要求非常严格，字斟句酌，用批注模式在初稿上标注了非常多的意见，并说："你用修订模式改回给我看。"

什么是修订模式?

就是这个问题，把大头敏带入了学习Office软件的大门。因为要写采访稿，大头敏被逼着学会了Word（文字处理软件）文档排版。在后来写毕业论文时，别的同学还不会样式设置、格式排版、自动生成目录，而她已经驾轻就熟了。大头敏工作后，上班第一天的任务就是学习"公文排版格式"。没想到她按照格式设置好了自己电脑Word的基本模板，并下载好了公文常用字体，比很多老同事都熟练。领导一下子就注意到她了，一般新人适应和学习公文排版都要一段时间，没想到她一来就上手了。于是，各种机会纷至沓来。

后来，领导安排大头敏跟进一个总投资额达2.4亿元的大项目。她发现每过一段时间就要写总结和报表，每次都需要重新打一轮电话查询数据。于是，她用Excel（电子表格软件）建立起一个项目进度库，进度库里包括28个实施点、400多个子项目。将定期跟踪的回访数据录入后，她可以一目了然地随时查询项目的所有情况；在被上级抽查进度时，她马上能够准确地说出最新情况。

就是这样一点小小的付出，让大头敏得到了很多机会。领导外出时都愿意带上她，她在一年的时间走遍了90%的镇街，跟基层的同志迅速熟悉起来，还了解到了很多具体工作方法，飞快提升了业务能力。

这个项目在结束时需要由副市长做工作情况报告，而大头敏靠着在“和秋叶一起学PPT”网课中学到的知识很快做出了一份精美的PPT。这份PPT还为大头敏打开了调动工作的大门。

现在想想看，一个职场新人，是靠出色的业务能力脱颖而出的概率大，还是靠把简单的事情做对、做出彩并赢得更多锻炼机会重要？

**如果你的答案是后者，那么在所有帮你把简单事情做出彩的职场技能中，你最应该在大学阶段学的就是Office技能。**

别等进入职场后再学Office，因为进入职场后你马上就要用到它，并没有太多额外的时间去摸索。

对了，凡是本书的读者，我都送大家一门精品网课“Word排版速成攻略”。去“秋叶PPT”微信公众号留言“不要等到毕业以后”，你就能获得免费学习这门课程的机会。

# 第二章

# 怎样读书和学习才能成为真学霸

# 2.1

## 学会自学才算读过大学

有个学生给我发私信问："大学课堂里的老师好像只会照本宣科，讲得大家都想睡觉，我能不能不去上这样的老师的课？"

在大学，你的确可能遇到各种各样的老师：

- 有的老师讲课趣味横生，有的老师讲课索然无味。
- 有的老师上课节奏飞快，讲的内容超出指定教材太多；有的老师照本宣科，绝不超纲。
- 有的老师上完课就走了，有的老师上完课愿意留下来跟同学们继续讨论。
- 有的老师喜欢让大家分组练习，有的老师爱布置写小论文。

不管读哪个大学，你都会遇到讲课风格让自己难以适应的老师。但我想更重要的是，大家一定要理解，我们读大学和读小学、初中、高中是有本质不同的。我很认同北京大学钱理群教授的一个观点："我觉得其实每个大学都有一些不太好的老师，北大也一样！不可能所有课都是好的……但是，**在大学里，关键在于你自**

**己，时间是属于你的，空间是属于你的，你自己来掌握自己，自己来学习。”**

**在大学，重要的不是记住自己学过什么，而是学会怎么学。**学会自学，是你在大学里能学到的最重要的学习能力，没有之一。

很多大学生还在用中学读书的方式来读大学，对老师的依赖性很强。在中学，老师帮你梳理学科框架、讲解知识点、布置作业、设置考题，你只需要跟上老师的节奏就行了；学校还会把学生的时间安排得满满当当，并且制定了严密的作息表，你只需要听话照做就可以了。

到了大学，你会发现学习模式发生了巨大的变化。过去都是固定的课程，固定的老师；现在除了固定的课表，你还有大量的时间选修自己喜欢的课程，自己制订学习计划。

大学不仅提供课堂老师讲授的内容，还提供藏书量惊人的图书馆、免费的论文数据库、话题丰富的讲座论坛、各种学习型社团和自习室等，为大家创造了良好的自学条件。

麻省理工学院史上最快毕业的学生叫斯科特·扬，在一年时间内学完了四学年的33门课程。他把自己的自学经验写成了一本书，叫《如何高效学习》。这本书介绍了他的“整体性学习法”，其中有很多实用的自学方法，比如：

- 搭建学习结构，编织知识网。
- 用快速阅读捕捉信息，用简单明了的笔记法。
- 复习时想象你在教别人。

- 有清晰的目标，没有目标的学习是乱学。
- 管理好你的精力、睡眠和血糖。
- 批处理零碎任务，集中拿下大任务。

有没有发现，斯科特·扬的经验有很多，但它们都依赖个人学习，而不是老师教。

**如果要训练自学能力，那么我建议你可以从四个方面进行，分别是厘清脉络、搜集信息、解决问题和培养自律。**拥有这四个方面的自学能力，你也就拥有了征服大学学业的钥匙，这些也能成为一辈子的财富。

## 1. 厘清脉络

学习一门新的课程，**首先应该厘清它的整体脉络，而不是等着老师给你梳理。**

大家可以使用老师指定的教材，也可以自选一本学科经典教材，先读目录，再快速通读一遍教材，了解这门课要讨论哪些问题。

好的教材会为我们阐述学科的框架，至少能帮我们认识基础概念，展开学科要解决的基础性和前沿性问题。如果你能在图书馆多借几本教材，那就更好了。你可以相互对照，看一下不同教材搭建的框架有什么不同。这些教材中相同的部分是学科的“入门知识”，你必须扎实掌握；而不同的部分展示了不同专家学者的不同研究角度，可以帮你更好地理解这门学科。

如果教材太过枯燥或生涩，那么我推荐你去找一些入门书。在网上搜“学科名　入门　书单”，你就可以找到前辈的很多好建议。

## 2. 搜集信息

我们在中学用三年时间学5～7门课，而在大学却要学三四十门课。所以，光靠“吃透教材”，你远远还没入门呢。**只有掌握信息搜索能力，你的学习才能走上快车道。**

学会搜索引擎的使用技巧，可以让你快速找到需要的资料。在此，我特别提醒，大家要养成一个好习惯，在遇到不懂的问题或名词时，自己先搜索一下再去问别人。

学会利用豆瓣、知乎这样的知识分享平台，查找学科推荐书单。

学会用期刊网这样的专业论文数据库查找最近的研究热点。

学会借助知乎、微信搜索等工具，快速发现领域内的热门话题和精彩观点。

学会去中国慕课大学、网易公开课、网易云课堂、Coursera等各种慕课、网课平台，听取全世界名家观点。

学会用App或小程序关注和精选本校及周边大学的讲座，现场聆听名师名家的精彩演讲。

## 3. 解决问题

我们在大学里学一门课程，不是为了得高分，而是为了掌握解决问题的能力，拿高分只是学到技能的副产品。

**你提出问题和解决问题的能力，才是判断你自学能力的标准。**

学到一个知识点，你可以尝试着用它去分析一下社会现象，和小组同学共同完成作业，形成一篇小论文，甚至做一个带有分享性质的PPT。这些都是我们向解决问题这一目标迈进的一步。

出乎很多人意料的是，我们往往是先学会老师教的内容，再尝试去解决“指定的问题”，而不是先学会“提出问题”，再尝试自己去“解决问题”。

提出好问题比解决问题更难——知道如何提问的人，往往能更快地解决问题。张五常在《吾意独怜才》中说：“从来没有太浅的问题。正相反，学术上有很多重要的发现都是由几个浅之又浅的问题问出来的。”

比如《不要等到毕业以后》这本书，就是我先提出了一个问题：如何帮助更多大学生适应大学生活？答案是：与其一遍遍重复回答，不如写一本好书来帮助大家。

## 4. 培养自律

**一个会自学的人，一定也培养了自律能力。**

自学需要你制定精准可行的学习时间表，并在课业与社团实践之间找到平衡。自学需要你探索学科前沿话题，去阅读大量参考文献。自学需要你独自整理笔记，动手完成实践，准备考试认证。

这些学习过程没有老师管，没有家长逼，也没有同学陪，甚至你还会遇到各种打断学习计划的诱惑，没有自律能力的人还真做不到。

如果四年大学下来，你拥有了自学能力，那么这才是你将来在职场中更快地学习新技能和管理自己的依靠。

# 2.2

# 元知识、硬知识、软知识，都要搭配一点

不管在大学读什么专业，你都不能只学专业知识。

我把知识分成三类，即元知识、硬知识和软知识。

## 1. 元知识

元知识是某一学科的专业体系教你的方法论，能帮你形成自己的深度思考力。元知识既包括学习一门学科的方法，也包括这门学科的知识体系。比方说，大部分人了解历史只是看历史故事书，但真正研究历史的人，会去了解历史学的学习方法、不同的历史观、历史研究方法及不同国家的历史学派。积累了这些历史元知识，你就可以独立开展历史研究，从而成为专业人士。

学习元知识，需要你连续地深入思考，从而形成完整的分析链条，甚至有些问题可能需要你查阅大量素材，并且连续思考好几个月才能找到答案。

关于“解决问题”，我学过一个方法：如果你涉足新的领域，那么你可以按照“分析背景→找准问题→提出对策→建立行动→评估效果”的流程去思考，这个流程就是一个“元知识”。

以自学一门课为例，我们可以按照这个框架去细化我们的思考，如表2–1所示。

**表2–1　细化思考框架**

| | |
|---|---|
| 分析背景 | 你为什么要学这门课？ |
| | 你准备在多长时间内达到较高水平？ |
| | 这门课需要积累哪些知识，适合你自学吗？ |
| | 这门课的考核方式是怎样的，有哪些值得阅读的参考书？ |
| 找准问题 | 缺乏学习资料？<br>自学基础不够？<br>缺乏学习时间？<br>需要同伴环境？<br>自学毅力不够？ |
| 提出对策 | 购买相关课程的网课和教材<br>结合自己的时间和基础制订学习计划<br>寻找有类似想法的同学，做到互动监督 |
| 建立行动 | 写出你今日、本周、半个月和本学期的计划<br>请人监督你的计划执行情况 |
| 评估效果 | 参考某种考试评估自己的学习水平 |
| | 完成进度后安排一个奖励自己的方式 |

把这个框架细化，就是应用元知识的过程，但要真正自学一门课，我们还得付出更多的努力。很多人在学习过程中往往半途而废，就是因为迟迟看不见效果。准备考研时，你至少需要复习半年，如何检测复习是否有效呢？你可以每周做一套试题，看看成绩有无提高，就能知道自己的复习效果了。有进度目标衡量的自学计划，往往更能激发人坚持到底。

## 2. 硬知识

在学历史的过程中，我们会遇到很多历史事件，需要花费大量时间去记忆这些知识点。每个学科的知识体系都有类似历史知识点的信息，记忆这些知识点往往占用了我们大部分的学习时间，还会给大脑造成沉重的负担。我把这一类需要死记硬背的知识称为硬知识。

掌握硬知识越多，对理解元知识就越有帮助。借助元知识体系有效梳理各种硬知识，使其结构化，能极大地节约我们今后学习的时间成本。比如，硬知识很适合用思维导图软件来组织，对于这种需要大量记忆的信息，思维导图的形象化记忆方式更具优势。

英语是一门很有用的语言，只要不涉及文学写作或语法研究，我认为学英语更多是啃硬知识。中国大学生投入在英语语言学习上的时间太多了，还不如用一些背单词的时间去理解专业知识，积累应用实践的经验。假如需要翻译英文，你可以借助各种翻译工具，或者请教高手来解决问题，而无须把自己变成一本词典。

## 3. 软知识

大学里还有生产实习、课程实践、社会考察、毕业设计、社团活动和校外实习等教学环节。在完成这些实践性很强的学习任务时，只具备元知识和硬知识是不够的，我们还得拥有像组织、表达、沟通、协同这样的能力，才能和同学一起完成工作。

要想拥有这种能力，我们仅靠上课、看书和学习是远远不够的。我们只有通过实践才能获得深刻的经验，从而加深对元知识的理解和硬知识的记忆。我把这一类经验性很强的知识称为软知识。

软知识需要在实践中反复尝试和调整，直到理论知识与自己的经验相匹配。对于好的技能或方法，你得找不同场合用不同的事情反复练习——记住，是在不同的场合针对不同的事情用同样的方法反复练习。“把一件事情反复做一百遍”和“把一个方法反复用在一百件事情上”是完全不同的概念。

我建议大学生将大量时间放到元知识的学习上，而不是看各种速成的快餐书。比如，你对心理学感兴趣，不要去读太多《色彩心理学》这样的畅销书，而应该老老实实地读几本引进的《津巴多普通心理学》《心理学导论》《心理学的邀请》《自我·群体·社会》等经典教材。

读完这些经典教材后，你会对各种畅销书里面的观点有更好的理解和领悟，就能看出哪些书是东拼西凑的，这样你就不至于浪费大量的时间去看一些质量不高的书。

让人遗憾的是，很多大学生朋友读了不少书，但始终没有建立起自己解决问题的通用框架。他们确实花了大量时间去记硬知识，也去了很多地方参与各种实践，看起来积累了很多知识或经验，但是因为始终没有去总结一个完备的知识框架，最终没有建立连续思考问题的能力，在工作中的表现就是，遇到新问题缺乏解决能力。

**元知识的学习能让你知道世界是如何运行的，实践经历能让你验证世界是不是真的如此运行的。**

特别要指出，失败也是一个很好的学习课堂。在大学阶段多经历挫折也是一种财富，因为你在大学里犯错的成本很低。等进入职场，你的能力越强，你犯错的成本就越高，代价可能也越大。

# 2.3

## 不要背词典，而要学会查词典

无论学什么专业，你都应该学好英语。但学英语可以算是中国学生的付出和收获最不成比例的一件事了。拿我来说吧，我在大学也是天天背单词，背了忘，忘了背。为了过英语四、六级，我各种刷题，各种报班，虽然通过了考试，但用起英语来却特别困难，更别说直接看英文报纸、小说、论文、新闻了，甚至看电影也要看中文字幕，自己开口就只有几句乏善可陈的“My name is ...”。

当听说大头敏用一年半的时间读完了30本英文小说，也因此突破了英语从“学”到“用”的瓶颈而成为大家眼中的学霸时，我赶紧请她给大家分享她学英语的心得。大头敏说：**“英语是用出来的，不是学出来的。词典不是用来背的，而是用来查的。”**

大头敏分享的英文小说阅读经验，真的不错。

## 1. 选择喜欢的图书类型，大量阅读

学语言无非就是要在语境下大量浸泡，其中大量阅读是一个很好的方法。**人人都爱故事，你可以先选择一本你感兴趣且词汇量适中的小说开始阅读。**

非小说也可以，但是读起来可能会让你觉得比较枯燥。故事是驱动人类好奇心的巨大动力，你可以从喜欢的小说类型开始读，这样相对简单一点。

如果你是哈利·波特迷，那么我推荐《哈利·波特》，其1～7册是完美的词汇量递进集合。

如果你喜欢悬疑探险小说，那么我推荐丹·布朗的书，其中整合了西方的经典文学、意向和符号——放到了一个个历史名城（巴黎、伊斯坦布尔、巴塞罗那等）的背景里。你跟着主人公历险的过程，就是认识西方文化的过程。丹·布朗的作品属于流行文学，其读者定位是普通民众，因此用词相对浅显，造句也简洁流畅。

如果你喜欢跌宕起伏的叙事，那么肯·福莱特的书适合你。比如《巨人的陨落》，“每一页都有故事，每一页都有闪电”，让你手不释卷。小人物的命运慢慢与时代背景交融，每个人物都是缩

影，都有象征意义。肯·福莱特的书非常具有画面感和故事性，引人入胜。

如果你不知道选什么，那么我推荐《纳尼亚传奇》。这套书的词汇量非常小，故事非常美，每册都很薄。

**接着，你可以根据自己的兴趣和词汇量逐渐升级书目。**你如果有喜欢的作者，就追一追他（她）写过的系列书。因为一个作者的文风和词汇量是相对稳定的，浸泡在其系列书中，能够帮助你不断加深印象。

一般来说，**当代流行作者的作品比经典作者的作品要容易读。**18～19世纪是英语经典文学的高峰，《傲慢与偏见》《飘》等耳熟能详的作品就出自这个年代。但是，我不建议你读这些英文著作，因为它们离我们的时代太遥远了，其单词、文风和表达都有点过时了，就像你不会推荐外国友人从看四大名著开始学中文一样。

## 2. 选择一本英英词典，而不是英中词典

小孩学语言，都是先学非常直观的名词，如“苹果”对应的实体是什么，“推”对应的动作是什么。当要学更抽象的词语时，我们只能用已有的词汇去解释。所以，与其去背一个英文单词对应的中文含义，不如看看英文词典是如何以小词解释大词的，这样我们的印象会更加深刻。

我推荐《牛津英语词典》（*Oxford Dictionary of English*），它堪称最好的英文词典。如果想要使用App版本，那么我建议你购买付费版。为自己投资一本好词典，总是值得的。

## 3. 注意查词方法，每页最多只查一个单词

《把你的英语用起来！》和《超越哈佛：徐老师原典英语自学法》介绍了一种非常重要的查词法，大意是：**每页最多只查一个单词，建议查你遇见的第一个生词。**

如果这个词是你读的书的高频单词，那么它还会出现，我们有的是机会再查。如果这个词是低频单词，那么我们查不查都无所谓。这个方法适用于纸质书、电子书等。

## 4. 阅读时快慢有讲究

**快速读完前1/5，认识主角。**一部小说里会有很多不同的人物，主角不会太迟出场（在拥有400个人物的《红楼梦》中，贾宝玉和林黛玉很早就出场了）。如果开始读得太慢，那么我们很难抓住人物的性格和出身，会一直纠结在人物的迷雾和泥沼中。所以，我们一定要快速读完前1/5，快速认识主角。

**1/5 ~ 1/2处，精读。**主角出场后，就要开始互动了，要发生各种爱恨情仇了。这部分会埋下各种伏笔，发生各种冲突，我们读起来会比较过瘾。我们可以慢慢读，因为读得太快，我们会漏掉一些关键情节。读这一部分时，我们要像漫步在乡间小路一样，可以随处采撷一些美妙的金句。

**后半本，速读。**到了这个部分，我们已经相当熟悉故事的推进速度了，情节也进入了高潮。语言层面的困惑已经被情节推进的张力压倒，这时我们一点儿也不关心这部分采取了什么样的修辞，我们只想知道：他死了吗？他们在一起了吗？谁是凶手？

**在对话和非对话穿插进行时，你可以只读对话部分。**如果对话和非对话内容同时出现，那么它们的作用分别是：对话推动情节，非对话进行心理或背景描写。如果只想知道情节，我们只读对话部分就可以了，这不会影响我们对书的理解。更妙的是，英文小说里的对话通常是斜体，非常容易辨认，有利于你提高阅读速度。

**读每段第一句。**对于大段的非对话描写，我们可以只读每段第一句。这样我们基本上就可以知道情节讲到哪里了。如果中途出现情节掉线的情况，我们就返回上一段，把整段读完。

**认真读每章最后一段。**通俗小说和电视剧一般都会在最后放一个悬念或反转，作用相当于说书人的“预知后事如何，且听下回分解”。尽管我建议每段只读第一句，但每章的最后一段却是不可不读的。

**同步听有声书。**许多人在阅读英文原版书的时候，其实在默读。**也就是说，你的阅读速度跟你的朗读速度持平。**这样你就会读得很慢。对于大部头的书，有时你读了一两个月才只读了一点点。如果你已经读完了前1/5，对主角有了基础的认识，那么我建议你同步开始听有声书。有声书突破了视力的局限，可以填充你的碎片时间，比如在通勤和跑步，以及做家务或机械性的劳动时。听有声书的时候，你可以从上次看到的章节开始；看书的时候，你可以从上次听到的章节开始。这样你可以保持一个较快的阅读速度。

只要你能读下来第一本英文小说，你的自信心就会建立起来，你会很容易再读第二本、第三本、第四本……第三十本。**沉浸式的阅读也会让你的英语水平突飞猛进。**

# 2.4

## 掌握哪些方法，能让学习效率翻倍

大学里最常见的学习场景是上课、实践和分享所学，所以我分享三种对应的学习方法给大家，以帮助大家上课做好笔记，向身边的榜样学习，以及给别人分享你学到的知识。

### 1. 笔记法

**四小时内，我们会遗忘70%的信息。记忆会背弃你，但是笔记不会。**

世界上没有那么多过目不忘的人，在课堂上认认真真记笔记才是好的学习习惯，拿出手机拍照却不尽然。

我们推荐的记笔记方式是用笔记录。各种尺寸的纸质笔记本或各种平板电脑都是不错的选择。用笔记录不是记录老师讲的每一个字，而是为了调动你在听课时的所有感官，让自己进入沉浸式学习状态。

笔记记得是否好看一点都不重要，笔记记得有效才重要。你一定要创造一套属于自己的速记符号，这样记的东西才会又快又准。大头敏学英语的时候专门学了“口译笔记法”，结果在日常记录中发挥了巨大的作用。下面，我随便举几个例子：

- △：数据（data）
- □：国家
- ○：全部（whole）
- yr：年
- m：月
- d：日
- ___|：过去
- |___：未来
- Dep：发展

图2–1和图2–2分别是大头敏现场速记和事后整理的笔记。

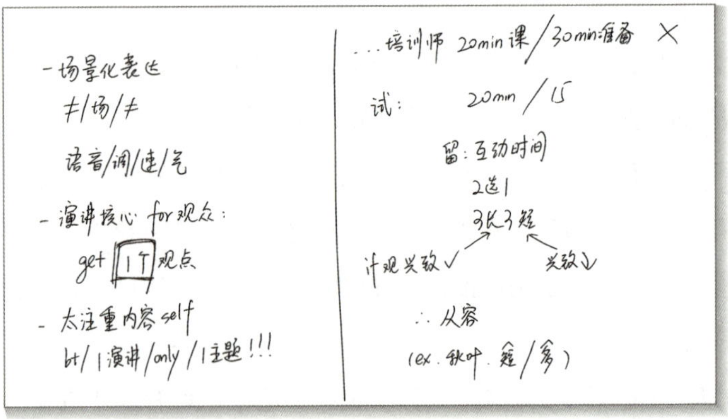


**图2–1　现场速记**

**二、演讲分析**

**（一）语速变快的内因**

想在太短的时间内传递太多的信息，这是演讲的大忌。

讲着讲着，发现时间不够，所以加快语速，说明你没有把听众的感受放在心上，而是把自己表达的快感放在第一位。

对于听众来说，内容、声音、逻辑、普通话、表情、服饰、肢体语言综合构成了一场演讲，内容只是其中的几十分之一。

一个松驰有度的演讲者，看着就是一种享受。

如果语速 一味加快，听众就会本能地产生抗拒情绪，注意力就会开小差。

**（二）演讲的核心：让别人听懂一个观点或主题**

锤炼内容只是演讲者的输出，听众接受才是他们的输入。

演讲中的内容和表达各占一半，不能顾此失彼。

好的演讲，贵在精而不在多。最好的演讲，是用20分钟讲透讲深一个观点，且能说服台下的听众。

图2–2 事后笔记整理

大家有没有注意到，大头敏在听课时充分运用中文缩写以及英语和数字符号的简写，大大提高了记笔记的速度。在需要强调的地方，她就用方框将其框起来，或者用三个感叹号在后面强调，说明这是特别重要的观点。如果她意识到一个说法是错的，她就会直接在后面打个叉。

在写标点符号的时候，你就会进入造句的思维模式，手上记录的速度会明显下降。在一句话中，动词和名词是自带核心信息的。你可以用斜杠来断句，不要直接用句号、逗号，你也可以用箭头来表示因果关系。这样你可以大大节省大脑记录的压力。

另外，就像电视屏幕有宽度一样，人的视觉也是有宽度的。

阅读的时候，我们从上往下看比从左往右看要快很多。所以，一行字不要写得太宽，你应该迅速往下一行写。

特别要提醒大家：**笔记是需要复盘整理的！不要让笔记冷下来，记完一扔等于没记。**

在课间或者课后要及时补齐自己没记下来的重要问题，及时整理要点，及时回忆，这样你才能让知识保鲜。

除了创造属于自己的笔记符号，你还可以尝试不同的笔记法，看看哪种适合自己。流行的笔记法有康奈尔笔记法、东京大学笔记法、折页笔记法和思维导图法等，大家可以自行搜索学习。

卡尔·纽波特的《如何成为尖子生》把笔记法按照技术类课程（数学和自然科学）和非技术类课程（其他学科）分成了两类。这些方法也相当实用，感兴趣的同学可以去看看。

## 2. 模仿法

人是社会性物种。社会性物种的一个很重要的学习手段就是模仿身边的人，在环境中模仿。

富兰克林只上过几年学，后来却成了杰出的文学家，写出了《穷理查年鉴》这样的作品。他小时候看到一本《观察家》杂志，便模仿其文章的写作方式。他先思考同一句话自己要怎么写，再思考框架和逻辑怎么搭建。通过不断的复写、重组、对比和揣摩，他后来成了非常有名的作家。

我学习PPT时也经常模仿杂志里的排版设计。

我模仿杂志的版式制作PPT，与你在PPT模板中复制粘贴自己的内容，有什么区别呢？看起来我模仿杂志的版式是在抄，你套模板也是在抄，这有什么不同呢？效果会有很大差别吗？有，差别很大。

首先，我模仿的杂志上的图案是不能直接拿来用的，只能想别的办法予以代替。我使用的工具和专业排版工具也是不同的，哪怕是同样的效果，要经历的操作路径也不同，前者需要自己动脑探索。

其次，我把杂志排版拆分成版式、配色、字体、线条、形状、修饰和文案等元素细节，一点一点地分析，才能模仿出和杂志一样的效果。这个模仿过程也让我学会了杂志在配色、字体、细节修饰、精简文案和视觉化组织素材等方面的方法。

如果在此过程中发现自己模仿出的作品不够美观，或者做不出一样的效果，那么我还要花时间慢慢调整，这种模仿的过程与专业排版思维具有显著的差异。不断模仿，不断积累，不断找到微创新的感觉，可以让人在很短的时间内取得突破。

模仿关键在于以下三点：

第一，自己动手，你不能直接把别人的内容拿过来改改就变成自己的，那是抄袭。

第二，选择恰当的对象模仿。比如学街舞，你可以先模仿入门动作，再模仿高级动作，不能企图一步到位，而要先易后难。

第三，虽然你是在模仿，但你一定要模仿到位，不能差太多，否则模仿效果会大打折扣。

## 3. 费曼学习法

费曼是一名美国物理学家，也是1965年诺贝尔物理学奖获得者。他的发现是量子力学和粒子物理学的基础研究工具，他被誉为爱因斯坦之后最睿智的物理学家。他的传记《别闹了，费曼先生》非常生动有趣，值得看看（文科生也能看得懂）。

费曼发现，大部分人只是在谈论一件事的名称，并没有真正理解它。如果学习只是在记概念，而没有真正去理解知识，那么这样学了等于没学。

**“知道一个东西的名字”和“真正懂得一个东西”有着天壤之别。**

费曼学习法的关键是要确定你真正懂得一个东西，而不要只学会一个新概念。

费曼在普林斯顿大学攻读物理学博士期间，和那些经常故作高深的数学系博士开玩笑说：“我跟你们打赌，随便你们提出一个定理，只要你们用我听得懂的方式告诉我它的假设是什么，定理内容是什么，诸如此类，我就能立刻告诉你们它是对的还是错的！”

**费曼学习法的目的是让外行都能听懂。**费曼认为初学者听不懂，不能怪他理解不了，而是讲授者没有学到位，以至表达晦涩难懂。这有点类似白居易写好诗以后，要读给不识字的老妪听，老妪听懂了他才正式发表。

费曼学习法最常用的解决方法就是比喻和联想，把概念解释给外行听。有人把费曼学习法总结为：通过四个步骤实现“简单明了地解释一个新名词”的目标。

**第一步，选择一个概念。**

这一步适用于所有概念，从物理学到人文历史、管理概念，再到商业新名词，都可以。

**第二步，给别人讲解这个概念。**

想象你面前有一个小学生，你要以他为对象讲解一个新概念，你不能使用任何难懂的词汇或复杂的概念。这倒逼你不得不更深刻地理解这个概念，也会让你发现你是否真正理解了这个概念。

**第三步，返工。**

你说不通的地方，正是自己知识框架中的薄弱之处。你需要回去查资料（不管是书本资料还是网络资料），并重新进行针对性的学习。

学完之后，在不依赖参考材料的情况下，你得重新解释这个概念，直到你能出色地完成挑战。

**第四步，回顾和精简。**

首先，你写下对概念的解释，检查你的确没有引入任何复杂的概念；然后，你将这些解释大声读出来，如果读起来顺畅自如，那么这个用最简单的语言做出的解释便是准确且符合要求的。

如果我们习惯用费曼学习法深入理解每一个概念，那么我们会发现我们的学习效率会成十倍地提高，而且学过的内容很难忘记。很多人在大学期间读书读得多，读得快，但也读得囫囵吞枣，其实并没有真正理解，只是把元知识当硬知识记了。一旦脱离学习的环境和考试的压力，他们很快就会遗忘那些书中的内容。

# 2.5

## 写论文没有你想象的那么难

自从当了毕业生的论文指导老师，我比我的学生更怕写论文！我曾感慨道："我比学生还怕写毕业论文。毕竟学生四年才写一篇，而我得一年一度，给十几个人反复强调论文怎么写，感觉好难教……"

**不过，写论文对大学生而言，真的是训练思维框架的绝佳方法。**论文最基础的结构是要阐述"是什么""为什么""怎么样""怎么做"，要形成一个完整的论证闭环。我们不能信马由缰，不能想到哪里就写到哪里，这样会缺乏逻辑性。

写论文的流程说起来也简单，不管是小论文还是大论文，大致都是这样的流程：选题，读综述（或搜集素材），写综述和论文框架，搜集素材填充章节内容，校对文献。

听起来这是一个线性过程，其实是一个反复调整的过程。很有可能你写了一半又要推倒重写，一边写还要一边搜集素材，在搜集素材的过程中觉得自己全篇都要重写，论文写完后觉得真的很难读下去……这些都很正常！

### 1. 选择一个好问题做论文方向

当我们在写毕业论文的时候，老师经常发出灵魂之问：

- 你的论文要研究的是一个好问题吗？
- 这个问题是否不证自明？
- 这个问题是否是一个简单的现象叙述？
- 这个问题是否足够小，小到你可以把它说透？
- 这个问题是否足够深，值得深入挖掘？
- 这个问题是具有实操性的研究路径，还是根本无法被证实或证伪？
- 这个问题的答案是否对社会有价值？
- 前人有提过同样的问题吗？有的话，答案是什么？

你可以对照这些问题，看看自己的论文是不是提出了一个好问题。

## 2. 先读够论文，再写论文

**写论文千万不要一上来就写，阅读文献比马上动笔更重要。**阅读文献，是厘清前人在相应领域进行了怎样的研究以及有哪些成果，能让我们对论题所涉的领域有一个全局性的了解。

要读什么文献呢？任何学科的论文都多如牛毛。我建议大家先找本学科的综述性论文，以便快速入门。**文献综述是对之前有关同一问题的研究成果的综述——作者会把该领域有影响力的文章都梳理一遍，相当于我们写论文时的藏宝地图。**很多优秀的博士论文都会做专门的文献综述，我们可以将其作为参考。

有的论文写得很好，有的论文质量一般。我们在中国知网这样的期刊网站查看论文资料的时候，要特别注意选下载量高和影响因子系数高的论文。

一开始看文献时，你会觉得特别痛苦。一旦进入了状态，你就会着迷其中。沿着线索往下读，往深读，越读越有趣，你也能慢慢看出一些门道来。你会发现，总有一些反复出现的论述和引述，这说明它们是学界基本达成一致的部分。我们不妨承认这些论述是正确的，试着看看引入新的证据会发生什么情况。

我特别推荐大家直接去看英文文献，因为英文是学术界最通行的语言，国际一流刊物绝大部分都是英文。因此，从某种程度来讲，我们不读英文文献，就不算搞过学术。

## 3. 写论文的过程

标题对于论文极其重要，一个好的标题几乎就是论文的概括，并且需要体现：

- 论文研究什么。
- 用了什么样的研究方法。
- 研究对象是什么。

好的标题都具备以下五个共同点：

（1）有明确的研究对象，即研究的落脚点。

（2）对研究对象有具体的范围界定。

（3）拥有强大的理论支撑体系。

我们将以上三点结合起来，就可以得出标题的标准格式：

- 基于××理论的××企业或××平台××内容研究——以××为例。

（4）有具体的分析案例。

这里强调一下，“以××为例”中的案例，需要与主标题中的“××企业或××平台”有包含关系。比如：

- 汽车行业——以奔驰为例，合适。
- 传统行业——以奔驰为例，有点对不上。

（5）具有四个组成要素。

一个标题有四个组成要素：研究对象、研究范围、理论方法和具体案例。这四个要素至少不能全部相同。对于同一个热门事件，网上会有很多看上去类似的文章——从不同角度进行分析，这并不奇怪。

## 4. 学会查文献管理系统

写论文有三个必备技能：一是熟练掌握Word的自动格式套用、目录生成和脚注插入；二是至少会运用一个文献管理系统（推荐NoteExpress）；三是至少会使用中国知网数据库。

文献管理系统可以帮你一键输入规范的脚注，一键生成参考文献，还能助你在阅读时给论文标注分类、做笔记，非常实用。

你若用半天到一天的时间学会使用文献管理系统，那么在后面的论文写作过程中可以节省大量时间。想想看，会用文献管理系统的人，只需要15分钟就能排好全文的参考文献。

## 5. 好论文是改出来的

**好论文不是写出来的，而是改出来的。**

当大学生刚开始练习写论文时，其初稿都有一些东拼西凑的内容，改到终稿，几乎面目全非。我希望大家论文的每一个字都是自己写的，每一个部分都认真思考过，不希望大家把网上的素材拼拼凑凑，敷衍了事。

现在，高校对毕业论文查重要求越来越严。查重指的是，通过机器计算你的文章和已有文章的重复率是多少。某些高校规定本科生论文重复率不得超过20%，研究生的这一比率不得超过10%。

机器算法判定的雷同文字都算重合。**引用也算重复，不引用算剽窃**（哪怕是合理的引用，也不能超过文章总字数的某个比例）。

降重也是倒逼大学生修改论文的一个动力。查重系统能够帮助你找到文献真实的原始出处，而且鼓励你跳出成规，引入一些最新的概念和做法。我们要正确使用查重系统，而不要挖空心思想一些句子骗过查重系统。

降重会导致文气断裂。所以，在降重时，我们要判断哪些是必须引用的，哪些是可以少引用的（少于30字就不算入重复范围）。而且，在删改完之后，我们还需要重新细读一遍，以免文气衔接不上。

写完了论文初稿以后，我们要放一段时间再看。这样我们才能站在读者的角度去发现问题，才会改得更好。

# 2.6

## 别读完大学，作文水平还不如高三

如果说掌握一项技能可以快速改写一个普通人的人生轨迹，那么写作一定是其中之一。在大学，会写作的人更容易出彩，因为学习需要写论文，社团需要写文案，演讲需要写底稿，参加各种比赛还得写各种申报书，哪里都离不开写作能力。

但有意思的是，我问很多大四的学生："现在给你一个小时，没有任何参考资料，针对任意一个话题，手写一篇800～1 000字的文章，可以吗？"

大部分人会说："这太难了吧！"

我就反问他们："那你们高考是怎么考过来的？"

大家都开始不好意思了。

**你会发现，要想保持写作能力，就需要保持练笔的习惯。**

我之所以被很多网友熟悉，是因为我写了很多书，《和秋叶一起学PPT》《说服力：让你的PPT会说话》《高效学习7堂课》《时间管理7堂课》《个人品牌7堂课》《写作7堂课》《创业7堂课》

等。我不仅写书，还坚持每天更新微信公众号“秋叶大叔”，还会维护自己的微博。很多人就会好奇：你怎么这么能写？

我的回答是：如果你坚持天天写，那么你会发现写作也不过是一种技能，熟能生巧，用进废退。

你可能会说：“我还是个大学生，没有那么多生活阅历，没什么可写的。”这个说法大错特错。其实，在高校，我们需要写东西的场合太多了，比如：

- 写助学金申请。
- 写入党申请书和思想汇报。
- 写班级或社团活动策划案。
- 给校刊校报投稿。
- 写老师布置的课后作业。
- 写校内外实践报告。
- 写实习日志和实习汇报。
- 写求职简历。
- 写小论文、大论文。
- 写文艺晚会串场词。

你甚至可以开设一个微信公众号，尝试体验一下新媒体编辑的生活；或者给自己喜欢的媒体投稿，尝试去中文网站连载一部小说。

**写作是很好的自我修炼方式。**不管是写应用文章，还是写学术文章，抑或写思想汇报、生活感悟，关键在于我们是否愿意认真写，是否愿意把每次写作都当作练笔的机会而认真对待。我们的第一反应不能是去搜索引擎找模板和素材，拼凑出一篇能对付的文章，以此敷衍过去。

为什么很多大学生不敢和自己高三时期比写作能力？就是因为太容易获得的复制粘贴毁掉了他们的能力，这也是人类进入移动互联网时代的一个负面效果吧。

为什么我愿意刻意练习自己的写作能力？我很认同《暗时间》的作者刘未鹏的一段话："一行文字被你写下来之后，你就不用再将其费力地保持在大脑的临时记忆中，因为这行白底黑字会不断地通过视觉刺激来提醒你它的存在，于是你就可以将空出的思维精力用来反思自己的观点。"

把自己的思考用文字表达出来，其实是对自己思维的一次刻意训练，好处非常大。我写微信公众号，一直坚持每日更新，就是相信一句话：**没有记录就没有发生，没有整理就没有记忆**。我每天更新微信公众号，也就是写日记，不但吸引了一群铁杆粉丝，也为自己积累了大量的素材。到了要写书的时候，我一不缺写作的手感，二不缺写作的素材，出书自然比普通人快得多。

如今的智能手机，更加方便我们写作。我们并不是非要坐在桌前才能开始写作，我们随时都可以进行写作。拿出手机，你可以利用碎片化时间记录你的文章构思和提纲，保存你看到的资料素材，写下你灵感的只言片语。你还可以将其分享到微博或朋友圈进行互动，从而激发新的灵感。

不过，我们不能满足于碎片化写作，而要争取定期多写长文章，比如写一篇3 000字的小论文，偶尔挑战一下万字长文。这么做才能证明经过四年大学学习，我们的写作水平比高中阶段提高了。

大头敏所在的中山大学有一个专业享有很高的美誉度，那就是汉语言文学（俗称“中文系”）。很多单位都争着要该专业的毕业生，其中很大的一个原因是，该专业对学生有高强度的写作训练。

大一，100篇作文；大二，8篇万言书评，100篇古文诵读，30篇指定篇目背诵；大三，1.5万字的学年论文……这些在别人眼里望尘莫及的数字，是每一届中山大学中文系学生的“规定动作”。

怪不得别人家的学校出人才，原来是有人在逼着学生写，而且还要求他们写长文章。

写出一篇好长文的能力是不分专业和学科的，每个领域都需要。

在我做重要的演讲时，如果时间允许，那么我会把演讲要说的话全部写下来。两个小时的演讲大概要写20 000 ~ 30 000字。我宁可多写，也不能少写。越是没经验的演讲者，越需要这样的方式帮助自己提高演讲能力。

如果遇到一个需要认真思考的问题，那么我会优先写出文字，在写作过程中谨慎思考自己的观点，辨析自己的逻辑，希望它的论点、论证和论据都不会被别人曲解。做到这一点非常难，但为了避免观点有失偏颇，这样做是值得的，哪怕越写越长。这样才有思维训练的价值。

现在在网络上大家更喜欢用犀利的观点交锋，不谈论据，不谈逻辑，只谈立场，只管站队，这样的交流怎么能形成独立的思考呢？到最后，大家不得不用情绪裹挟立场，用立场代替是非，抱团站队，一地鸡毛。网络上的话题有多少是例外？

写干货长文还能帮助你打开人际圈子。很多朋友抱怨自己不在大城市生活，缺乏交流的机会，这是糊涂想法。就算在大城市生活，不先成为一个有思想的人，怎么能接触到有质量的交流圈子？

真正有才华的人，在互联网发达的时代，是不那么容易被湮没的。网络上至少有一千万人能写出好段子，但是能写出一篇好长文的人少之又少。写出好长文，发到网络上，更容易引起大家的关注，从而给你打开意外的人脉圈。

写长文章很难，谁也不能一蹴而就。下面，我分享一些个人经验吧。

第一，从你最熟悉的文体开始写起，并且从短篇开始写起。

工作中使用的长文章类型有很多，比如叙述过去的问题（记叙文），说明当前的现状（说明文），提供未来的建议（议论文）。

不要急于一下子写很长的文章，先从一两百字写起，再到一两千字……大部分人若在工作中能写出有条理的3 000字文章，就已经非常好了。

同时，写作之前列一个提纲是非常有效的办法。一方面，提纲可以让你的思路更清晰；另一方面，提纲的作用是将你的文章分成几个部分，也就是把一篇长文章切成几篇短文章，这样你写起来就不会有太大的心理负担。

第二，培养写日记的习惯。

大学生不妨每天坚持写日记，把每天的心得感悟写下来，尽量模仿好的文字风格。所谓好的文字风格，并没有一致的标准，你不妨先从读起来舒服的文字开始模仿。

慢慢地，你可以在日记中写一点有深度的总结。有质量的思考一定要形成文字，长期坚持会对自己的职业成长产生帮助。

你可以开博客、微博、微信公众号、头条号、百家号等。

第三，把写长文章和你的某个兴趣点结合起来。

假如你热心公益，你就以最近观察到的一个公益活动来分析它运营成功或失败的原因，并总结经验或提出改进建议和理由。

假如你爱玩新媒体，你就以最近注意到的一个微博高转发事件来分析其原因并得出有价值的经验。

假如你喜欢读书和看电影，你就写一篇最近读过的新书书评或看过的电影影评，并将其发布到豆瓣上和其他朋友交流。

假如你喜欢写日记，你就注意观察生活中的点滴，把这些零碎素材积累起来，顺便加上一幅手绘，没准哪天你就是中国的高木直子。

假如你喜欢思考，你就去知乎的相关话题下发言，和同样爱好思考的人形成一个圈子。

其实，写文章最重要的不是长，而是要有质量。

# 2.7

## 都说大学生要多读书，一年要读多少本才够

大部分写给大学生的励志书，都说要多读书。

为什么这些书都提倡大学生多读书呢？

**首先，图书的含金量比网络信息的要高。**

图书出版有严格的流程，每本书都要经历“三审三校”，编辑要对常识性的错误进行校准，也会全面检查错别字和病句，因此正规出版的图书，其内容比网上的文章要靠谱得多。

**其次，读书能帮一个人快速打开视野和格局。**

和旅行、访谈、实践相比，读书是一种让你打开视野和了解世界的低成本方式；和看视频相比，读书是一种让你更深入思考的方式，更何况图书仍然是最重要的系统学习专业知识的资料。

我们很有可能无意中读了一本好书，对人生有了不同的想象、期待及规划。

2019年，由中国新闻出版研究院组织实施的第十六次全国国民阅读调查数据显示，2018年我国成年国民人均纸质图书阅读量为每年每人4.67本，和2017年的数据差不多。数据显示，中国成年人绝大部分其实不爱读书。

我最近几年创业，特别忙，但每年还是要阅读40本左右的新书；大头敏大学时每年阅读100本左右图书，工作后每年阅读50本左右。我们基本上都能保持每周读一本书的状态。

有人问：你们哪里有那么多时间读那么多书？

对于不爱读书的人，你可以把这个问题换成“你们哪里有那么多时间打游戏、打麻将、谈恋爱、逛淘宝、做头发？”。

**你对喜欢的事情自然会付出更多的时间。**

如果你早早培养了阅读的习惯，那么读书便是你生活中的一部分，你不需要刻意去安排，随时随地都可以读书。我在出差时一定会带书，床头一定会放书，家里一定会不断添置书柜，好看的书收藏反复看，不太需要的书送出去。

如果你的生活环境里到处都是书，你就会慢慢爱上读书。所以，为了逼自己养成爱上读书的习惯，你不妨咬咬牙花点钱一口气买上100本好书，这笔投资肯定值。

有些同学看到别人的阅读量，也定了一个一年读100本书的目标。我认为他们完全没有必要这样做。

《越读者》写道：“我们置身人类有史以来前所未有的丰饶的阅读时代。”每年出版的中文新书就有20万种左右，更不要说每天都诞生的海量网络信息。即使你每天读10本书，你能阅读的数量也只有新增图书的十万分之五左右。

**不要刻意去和别人攀比读书的数量，每个人的阅读层次不同、方法不同，不适合去盲目比较，我们只要保持读书的习惯就好。**

我建议大学生每年阅读30～50本书，“荤素搭配”，既有学科的专业书，又有通识书；既有按照兴趣读的书，又有为了解决问题读的书。

选书的能力和读书的方法，比读书的数量更重要。**如果你一**

**直停留在阅读观点而不是批判性思考的层面，那么即使你读得再多，收获也未必大，还不如那些把一本好书读通透的人。**市面上有一些速读训练法，的确能够有效提高阅读速度。这些方法确实能扩展人的视野，加快阅读速度，但它们都只适用于阅读比较浅显的书，或者在你理解能力范围内的书，并不适用于需要精读消化的书。我们要跟别人比谁读的书更有品质，而不是谁读的书的数量更多。

**除了读书，你还需要多去经历。**有一个同学说，他爱读书、爱思考，并且在大学里读了500本书，但是他没当班干部，没拿奖学金，也没参加社团。结果，他在求职时总是缺乏面试机会，简历无人问津。他很苦恼，读了那么多书不能证明自己有能力吗？

**读书多只能说明你努力过，但无法简单等同于你有能力。**

读1 000本武侠小说和读100本哲学经典的意义一样吗？这很难简单评价。所以，现实社会评估一个人，更倾向于你有哪些经历，而不是你读了多少本书。

如果你在大学有足够的读书时间，那么你可以多读书，读点好书，读慢一点，多读几遍。请记住，读书的根本目的是，让自己明白世界，看清自己，让自己在无所依靠或者无所事事时有一种严肃的力量可以寄托。

# 2.8

## 如何选到适合自己读的书

**“你多读一本没有价值的书，便丧失了读一本有价值的书的时间和精力。”**朱光潜曾这样说。

读书是获取知识的重要途径，如何选书在很大程度上影响着我们的学习效率。我建议大家选书时一定要选好书、读好书，合理搭配四类书。

**第一类是常备书。**

词典应作为案头书，当你遇到不懂的字、词时，词典便能派上用场。如果你喜欢历史，那么一本《中国历史地图集》应该是少不了的；如果你常看英文书，你就应该备一本好的英英词典。对于常备书，你不要吝惜购买，而且要购买最新、最好的版本。

**第二类是专业书。**

精通一门技术是生存的根本，对于这一类方向的技术书，你得通读，尤其是经典原著，你要长期跟踪学习。你不要指望每本专业书的每一页都是干货，只要内容有助于进步，这些书就都值得阅读。对于这样的专业书，你每年应结合自己的专业方向多读几本。

**第三类是视野书。**

只有一种专业思维是很可怕的，比如网络上爆出的某一个社会事件，至少可以从哲学、进化生物学、社会（伦理）学、心理学、政治学、经济学、管理学或传播学等不同角度进行解释。

阅读一定量的其他专业“杂”书，可以让你学会换位思考，保持对这个世界的宽容。

**第四类是潮流书。**

社会与时俱进，你要紧随潮流，总得读一些报刊，看一些视频，了解社会潮流的变化，这些都能影响你生活中的决策。

你可以去实体书店和网上书店看看最新的畅销书是什么，让自己可以跟得上热门话题和知识潮流。

另外，我建议大家学会利用书单和搜索技巧选书。

**第一，国内外知名大学书单。**

上大学不只是为了让我们掌握一些技能，更是为了让我们成为一个更完整的人，所以人文通识教育必不可少。

很多大学都推出了自己的人文通识书单，我们在网上能搜到很多，找到以后按图索骥就好。搜关键词“通识书单”或“（大学名）通识书单”，你就可以找到大量的书单。

我们也可以多比对几个书单，优先阅读不同大学的书单中反复出现的书。

**第二，豆瓣猜和豆列。**

豆瓣是一个找书、选书、记录阅读轨迹的好地方。你可以把自己读过的书标注为“读过”，打个分，写个短评或者长评。你也可以把想读的书标注为“想读”，慢慢读。“豆瓣猜”会根据你的喜好向你推荐书目。你标注的越多，推荐就会越准确。

豆瓣上还有一个功能叫“豆列”，是用户自己制作的书单，很多质量都很高。如果你想看某一个类型的书，那么你可以直接在“标签”里搜，如“励志”“大学”“求学”“英文小说”，然后按评分排序看，你会发现惊喜。

**第三，连环搜书。**

如果你读到了一本非常好的书，意犹未尽，那么你可以去搜作者的其他书，也许其他书也能让你爱不释手。

一些著作会在文末给出参考书目，即作者在写作过程中参阅过的有重要价值的书。参考书目是作者的知识地图，也适合我们扩展阅读。

**第四，建立属于你自己的书单。**

一本书也许浅显，但对你有重大启发；一本书也许人人都说好，但你读不进去。这些都很正常。

世界上没有百分之百适合你的书单，除了你自己创造的那个。花一点时间选书是很值得的，因为在这个过程中，你不但可以学会各种搜书技能和了解各种荐书资源，还会识别各种“书托”，甚至会因为评论图书而认识一些书友。更重要的是，你在为自己的需要做出独立判断，做出选择。好的选择会让你开心，坏的选择会让你总结教训，从而让你下一次更好地选书。

尝试建立自己的书单，培养自己选书的感觉。如果你不太爱看书，那么我建议你从兴趣出发，先选自己感兴趣的领域的图书，培养阅读习惯。如果你已经有了稳定的阅读习惯，那么你应该尝试主题阅读法，比如把时间管理类的书一口气读上若干本，找出其中最喜欢的一两本，将其放进自己的书单里，还可以写上推荐理由，并将其分享给你的朋友，这会成为社交的好工具。

本书最后附有我们给大学生的推荐书单，仅供大家参考。

# 2.9

## 怎样读一本书得到别人读十本的收获

同样是读书，有的人读完收获特别大，有的人读完像喝了一杯白开水，没有什么感觉。差别就在于有人精读，有人只是翻书。

大学生一定要学会精读一本书，精读才能把一本书的价值最大化。

对于非艺术类的干货图书，你要如何精读呢？我给出以下七个建议。

### 1. 先读目录，而不是直接开读

所有的干货图书，都有自己的组织逻辑，这个逻辑就反映在图书目录里。绝大部分作者在写书时都要先写图书大纲，而不是直接写内容。先看目录，能让你发现书的结构和作者的意图，能帮你建立起理解整本书的思路。这也是会读书和不会读书的人的区别。会读书的人能看懂别人思考的框架，不会读书的人只能记住别人思考的结论。

很多书不需要从头读到尾，你完全可以先在目录里找到自己喜欢的部分，再深入去读。

## 2. 带着问题读，让作者变成你的“导盲犬”

我们读书的意图是什么呢？是想精准找到解决问题的答案吗？

“哪种时间管理方法适合我？”

“新媒体传播的要素是什么？”

“如何能够写出一篇精彩的文案？”

当我们带着问题去读，并且能够读懂作者的意图时，我们更容易判断：这个结论能够说服我们吗？书中的哪些地方还可以改进？

## 3. 速读和精读结合

朱光潜的读书法就非常妙，他在《给青年的十二封信》中提到：“第一，凡值得读的书至少须读两遍。第一遍须快读，着眼在醒豁全篇大旨与特色。第二遍须慢读，须以批评态度衡量书的内容。第二，读过一本书，须笔记纲要和精彩的地方及你自己的意见。记笔记不仅可以帮助你记忆，而且可以逼得你仔细，刺激你思考。”

大家之言，照做就好。

## 4. 做读书笔记

读书一定要做笔记，而做读书笔记的方法有很多。

（1）摘录精华。在书上标注，手抄，发微博，晒豆瓣书摘，都行。如果是日常读书，那么我提倡手写笔记，不要电子录入，更不要拍照和扫描，那样记忆不深刻。如果你在进行素材搜集或论文写作，那么我建议你将笔记电子化，这样你能够更快地检索到笔记。

（2）写书评。在这个世界的不同角落，有人和你读同一本书，你们互不认识，却能就这本书惺惺相惜或怒目相向。我的一大乐趣就是写书评，有时书评会获得高赞，在豆瓣上的人气会后来居上，那时我会有一种打败武林高手的感觉。

（3）记读书笔记。一份好的读书笔记要能把作者的主要思想、观点、逻辑及推导过程都理顺，这样读书才能深刻有效。记读书笔记时，我们可以写文章，可以画思维导图，可以写手账，还可以做阅读PPT。

## 5. 新旧知识相联系，更新你的知识地图

如果你每次读书时都是进入一片全新的森林，并与自己已知的世界毫无联系，那么你会像拥有很多个互不干扰的平行世界一样，这些世界之间并不会互相产生作用。

尽量去建立新旧知识之间的联系：新读的内容对你以往经历的某件事是不是提出了更好的解释？新读的内容是不是把以前的认知推进了一步？这样的阅读，才能真正激活知识。

读《哈利·波特》和《权力的游戏》时，大家会为故事里的想象力击掌称赞。我们如果看了斯皮瓦格尔的《西方文明简史》，

就会知道魔法、巫师、龙、异鬼的原型源于北欧神话，家族联盟与背叛的故事及领主（lord）和君王（king）的关系在中世纪历史中几乎都有原型。果然是，**这世间本没有新鲜事，唯有把旧故事讲出新感觉的人。**

### 6. 做一场分享

**好学生阅读之后会乐于分享。**看完一本书，你想过讲给别人听吗？

当你计划把读到的内容分享给别人时，你在读书的时候就会特别用心。哪怕是这种“让别人觉得自己很博学”的虚荣心，也能驱动你的读书效率。

### 7. 争取学以致用

把读到的心得、理念、方法马上和现实结合起来。如果你不这样做，那么书的内容很快便会被遗忘。如果光有精读，没有践行，那么读书的价值自然会打折扣。

## 2.10

## 善用搜索：书本之外的信息获取法

除了书本阅读外，广义的阅读包括读电子书，也包括读好的博文、微信公众号文章、网络新闻，更包括看视频、深度专题报道及电影，等等。

移动互联时代的阅读不仅仅包括纸质阅读，一切信息流的获得都可以看作阅读。比如搜索引擎、视频、微博和微信，这些都是信息阅读的方式。纸质阅读的方法可以应用到电子阅读中，电子阅读的习惯也可以应用到纸质阅读中。

广义阅读需要大家养成主动搜索的习惯，大家要主动尝试用不同的关键词，在合适的平台里找到自己需要的信息，而不是依赖搜索引擎推荐。

大部分人都在用搜索引擎，但并非都能用好搜索引擎。他们以为自己会用，但往往会忽略用好搜索引擎的两个关键。

第一，选对搜索引擎。搜索引擎不只有百度，你可以通过搜索引擎的思维去利用所有网站。

第二，选对关键词。很多人只会用很简单的关键词搜索，但如果换一个关键词，或者用“组合关键词”去搜索，马上就会得到不一样的高质量结果。

比如，我们在求职时常常遇到的挑战是：需要在最短的时间内对一个行业或岗位有所了解，这样好准备面试。

要准备好面试，我们需要了解下面的信息。

（1）了解行业的入门知识。

（2）了解行业的商业模式，即这个行业有哪些赚钱的模式。

（3）了解行业的岗位，即这个行业有哪些岗位，每个岗位有哪些技能要求。

（4）了解行业的文化，即这个行业的人一般是什么学历和专业，这个行业有没有活跃的行业论坛。

（5）了解行业的人脉，即这个行业有哪些精英人物。

要了解一个行业的入门知识，我们应该去找对应的行业垂直门户。如果你能在这样的门户网站或行业论坛的置顶精华帖里找到有价值的信息，并将其快速看一遍，那么你对整个行业会有一个整体认识。要想找一个行业的门户网站，其实你只需要搜“（行业名称） 门户”或者“中国 （行业名称）”就能找到很多网站。比如，我们想了解培训行业，只需要搜“培训　门户”或“中国　培训”就可以看到很多培训行业的门户网站。只要多浏览这样的网站，我们就会对培训行业有自己的认识。

用搜索引擎找到行业的商业模式信息很方便。例如，2009年（我进入培训行业之前），我想了解一下培训行业的运营模式，我就搜关键词“培训行业运营模式”，发现一篇2006年的文章——《培训公司的七种赢利模式》。这篇文章写得并不全面，但启发我换关键词搜“培训　赢利模式”，从而找到一篇细化到21种类型的赢利模式。我将这两篇文章仔细读了一遍，便对培训行业有了初步的了解。

了解岗位信息最快的途径是招聘网站。我若要求职，就会去各大招聘网站用“培训师”进行关键词搜索，看看不同城市的岗位多不多，待遇高不高，有什么技能要求。顺便我还会看看有无可供借鉴的面试求职经验。

你若想了解一个行业的文化，其实搜人们对行业的各种吐槽会更快。我搜索的关键词是“培训业+乱象、现状、趋势、机遇”，我马上可以搜出一部分人对这个行业的不同看法。这些文章往往发在一些行业论坛里，大家可以进入论坛耐心翻一翻，对行业的认识会现实得多。

了解行业人脉最快的途径是微博、微信、短视频等新媒体。行业内的名人往往都开通了微博、微信公众号或短视频账号，我们同样可以通过关键词搜索发现有意思的培训师，关注这些人，和他们互动，说不定能借此与他们建立不一样的联系。

在社交媒体上找资料的方法也很多，比如常用的微信、知乎都可以。用关键词搜索后，我们要找那些阅读量高的、点赞量高的文章。这些文章能获得非常高的传播和认可，内容质量一般更好。

例如，如果你想知道如何入行培训师，那么你在微信搜索框中输入关键词“培训师　入行”后，会看到很多文章。这时你可以选择“按阅读量排序”，一下就可以找到所有相关的高阅读量文章。

还有“在行”这个平台，你能约到很多行业的资深专家，很方便。

这是社交网络平台发展起来的一个意外惊喜。平时你想接触一个牛人，很难。但是，网络媒体给每个人提供了近距离接触牛人的机会。比如，大学生朋友如果想和我互动，就可以通过微博@秋叶和我建立联系，或者通过抖音“秋叶大叔”来我直播间做客。

我特意用行业搜索为例，其实也是希望能够启发大学生朋友们在实习或者求职的时候可以用这些搜索技能帮助自己。

当然，建立行业知识体系最快的方法还是读书。网页上的信息大部分属于碎片思考，不成体系；而要学习一个行业的体系知识，读这个行业里面广受推荐的好书是最快的方法。

互联网时代，信息量越来越大。从某种意义上讲，只要善用搜索功能，我们和世界就是同步的。阻碍我们学习的是我们自己，而不是世界！

# 2.11

## 别做伸手党，要做会提问的人

《小强升职记》的作者邹鑫老师说，有三类问题是他不太想回答的。

**一是没有任何背景的问题。**

“老师，我有拖延症，请问怎么才能战胜拖延啊？”

你所谓的拖延是指什么？你是在什么情况下拖延的？你自己对拖延怎么看？你以前用过什么方法战胜拖延？哪些方法有效？哪些方法无效？你做什么工作？……这些背景信息一点儿都没有提供，让人如何回答？

**二是能搜到答案的问题。**

“老师，在滴答清单里怎么给任务添加标签啊？”

经常有人问我这样的问题，我实在是不想回答，心里想：你去百度搜一下就知道了啊！

**三是把自己的麻烦当提问丢给别人。**

“老师，我们老板处处针对我，我怎么才能摆脱这种状态？”

这种问题的背后是依赖和甩包袱心态，希望别人能替他解决问题，而不是自己面对。

我非常同意邹鑫老师的观点，因为我经常接到大学生的各种求助，但大部分求助都有一个类似的问题：不善于提问。

比如，有同学一加我微信就直接问：“老师，你在吗？我有个问题想请教你，我该不该考研啊？”

这位同学大概以为加了好友我就该认识他，一句自我介绍都没有，他哪里想得到我在猜：“这人是谁啊？”

即使知道他是哪个班的同学，我也无法回答。因为我不知道他的个人学业完成情况，不知道他的兴趣爱好，不知道他的家庭环境，不知道他做了哪些准备，也不知道他的求职进展。我只能从网上搜索一篇名为《大学生考研理由面面观》的文章送给他。

问题越具体，别人越容易回答。假如他是这样问的：“秋叶老师，我是一名某某大学某某专业的大三男生，我的英语和专业成绩中上等，我们专业就业压力很大。我想通过考研提升就业竞争力，并且家里也能负担学费。你觉得像我这样不是为了学问而是为了就业的功利性考研，是一种理性的选择吗？”我就好回答多了。

不管你觉得通过提问学到了什么，当伸手党是永远没有地位的。大家可以试试提问的SPAH方法：

- Situation，即背景。
- Problem，即问题是什么。
- Action，即你尝试过什么。
- Help，即你想要获得的帮助是什么。

举个例子，邹鑫老师说，关于拖延症，如果你按照如下方式问他，他就特别好回答，他也愿意回答你。

老师，我想问一个关于如何战胜拖延症的问题。我现在是一名大四学生，功课不多，学习成绩也不错，但是论文一直拖着没有动笔写。我觉得论文对我来说不难。可不知道为什么，每次在图书馆想要写论文的时候，我就不由自主地玩手机，看电视剧。我试过番茄工作法，刚开始还挺有效，后来就不行了；我也试过和同学组成学习小组一起写论文，结果我总是拖后腿……我希望您能帮我分析一下，我拖延的原因到底是什么。谢谢！

我们来看看这个提问里的SPAH分别是什么。

- Situation：我现在是一名大四学生，功课不多，学习成绩也不错，但是论文一直拖着没有动笔写。我觉得论文对我来说不难。
- Problem：可不知道为什么，每次在图书馆想要写论文的时候，我就不由自主地玩手机，看电视剧。
- Action：我试过番茄工作法，刚开始还挺有效，后来就不行了；我也试过和同学组成学习小组一起写论文，结果我总是拖后腿。

- Help：我希望您能帮我分析一下，我拖延的原因到底是什么。

你问得有多清晰，就说明你对自己的问题梳理得有多透彻。往往把问题梳理透彻了，我们才更容易解决问题。反过来，不会提问也说明大学生存在三个问题：

- 依赖症：依赖通过别人获得答案，放弃了自己探索的努力。
- 缺自信：不是没有答案，而是需要一个权威人物的认可。
- 缺思路：想自己找答案，但是不知道如何下手。

如果你想做一个好的提问者，那么我有九条建议：

- 如果你想要别人的联系方式，那么你可以在提问前花一分钟看看别人微博简介或微信公众号的公开信息，也许你要的联系方式都在其中。
- 提问前请判断你问的人对此领域是否专业，假如要问一个并非他擅长的问题，那么你得想好问他的理由。
- 用不同的关键词在百度、搜狗、知乎等网站搜索你的问题，或者去图书馆查查资料，实在找不到再尝试提问。
- 与人交流时，即使是非正式提问，你也要先做自我介绍，别以为在网络上有过互动，别人就该记住你。

- 问题越具体，别人越好回答，尽量让别人做判断题。对于没有交代背景的问题，别人基本上只能用外交辞令来回答。
- 如果问题不紧急，那么你可以先去一些好的提问网站（如百度知道、知乎）提问试试。
- 不要依赖名师指路，他们可以提出看法，但决定权在你。如果你后悔听了别人的建议，那么责任也在你。
- 有时候，你的问题需要别人做大量的调研才能回答，你得评估一下你是想提问还是想偷懒。假如想偷懒，那么你应该先考虑为别人的咨询服务付费。
- 不能强求回复。不管别人回复不回复，你都要表达感谢，至少别人要花时间阅读你的问题。

# 2.12

## 摆脱单线性思维，学会多元化思考

我一位朋友的妈妈，突然怀疑老公有外遇，每天神神道道，性格变得不可理喻。全家人都为之苦恼，以为这是她的更年期反应。医院检查结果表明，她得了抑郁症，怀疑配偶的忠诚度不过是部分抑郁症病人的一种表现。

你是不是有一点吃惊？原来怀疑配偶忠诚度是大脑神经改变后的一种反应模式，而能够造成这种改变的原因还有精神分裂症、阿尔茨海默病、脑血管狭窄、外力损伤等。

每年都有老人被骗的新闻，为什么骗子总能得逞？人老了之后，大脑会因为各种病变退化，智力和判断能力也会退化，所以有些事情，人在年轻时不糊涂，老了就会犯糊涂。

了解了这些生理学知识，你对社会上某些特别反常的现象是不是会多一个观察的角度？

新浪微博转发过一个孩子要钱不成刀砍父母的事件。对此，有人感叹孩子没人性，有人嘲讽父母教育失败，但大家有没有想过，这个孩子也许本来就不是一个正常人，而是一个精神疾病患者呢？如果他本来就缺失正常的行为判断能力，那么你去教育或批评他没人性，有用吗？

理性的教育对于一个心理病人是不够的，我们需要更专业的手段。然而，我们自己也缺乏心理、医学方面的知识，总想用理性的思考方式去教育、批评甚至改造一个病人。此时，我们的“好心”会帮助他变好还是会促使他做出更激烈的反应呢？

我想说的是：这个世界上绝大部分事情都可能是由很多因素共同影响造成的，不能简单归结为某一个原因。

我的一个朋友提出了一个很好的说法，他说个人教育应该注重四个方面的修炼：

- 人与群体的关系，这要靠道德、法律和制度。
- 人与社会的关系，这要靠社会科学知识。
- 人与自然的关系，这要靠自然科学知识。

- 人与自己的关系，这要靠哲学宗教知识。

这个分享很有意义。假如一个人只掌握一种门类的知识，他解读世界的角度可能就会很单一，他只能从一个角度去理解世界。

一个好的头脑，一定要能欣赏和包容这个世界的多元化，而不是假定这个世界只有一种或几种好的选择。

不同的人在生活中常常对同样的事情有不同的看法，往大了说，这叫价值观不同；往小了说，这叫个人意见不同。你很难说哪种看法就一定比另外一种看法更好。

我推荐同学们区别对待三种提问，这会有助于我们更好地理解这个多元化的世界。

第一种是基于事实的问题。比如：成吉思汗是哪一年消灭的南宋？地球属于太阳系吗？这种问题都可以通过搜索资料获得答案，我们不应该去问别人。

第二种是基于偏好的问题。比如：你最喜欢吃的食物是什么？你觉得红色好看还是黄色好看？这种问题很主观，不同的人完全可以有不同的看法，我们没有必要强求看法一致。

第三种是基于判断的问题。比如：你认为在大学里谈恋爱好吗？这样的问题也没有标准答案，我们需要搜集不同的答案，通过比较和论证，寻求一个最佳答案或你自己最认可的答案。

我们现行教育体制下的学生，往往喜欢任何事情都有一个简单的权威答案，也就是习惯了事事都要有标准答案。

（1）习惯了基于事实问题的填鸭教育，结果在遇到偏好或者判断性问题时，也习惯寻求一个标准答案。

比如，很多人问：什么是好的爱情？不同的人完全可以给出不同的答案。你真的希望自己的爱情和别人完全一样，都是一种符合定义的好的爱情吗？

（2）常常把偏好性问题、判断性问题特别是道德判断问题混淆在一起。

比如，A问：你们结婚准备生几个小孩？B答：我觉得养小孩很麻烦，我将来结婚不想要孩子。A心里也许会说：你怎么可以这样自私呢，就顾着自己享受？

这个问题就是把偏好性问题的交流变成了一种价值判断，看起来是批判性思维，其实是做了一个错误的假设——所有的人应该拥有一种好的偏好。问题是，什么是好的偏好呢？谁来定义呢？为什么他的定义就值得遵守呢？

（3）对于需要进行论证的判断性问题，往往看到一个相对好的论证就容易全盘接受论证者的看法。

实际上，稍微复杂一点的判断性问题，都有多种观察的维度、不同的论证路径甚至不同的论证结论。

比如，在心理学领域，弗洛伊德的观点和荣格的观点可以说是完全对立的。很多人认为，弗洛伊德的理论很多都是谬误和缺乏实证的。出现这样的争议的时候，恰恰是启发我们深度思考的时机。

这个问题存在唯一正确的答案吗？我能自己搜到答案吗？这个问题有不同的解答角度吗？我更认同谁的论证，为什么？

如果你能够在提问时提醒自己注意三种问题的区别，并加以仔细思考，那么你的提问水平和思考水平都会更进一步。

如果你只以自己的思维方式来理解世界，那么你一定无法得到世界的多元化回声。

美国教授理查德·尼斯贝特写了一本思考东西方文化差异的书，叫《思维的版图》。大家有空可以去看看，会有收获的。

# 2.13

## 放假，也是最好的充电提升时间

每年的春节长假、国庆黄金周，都是全民旅游的重要时机。你可能没想过，除了到处都是人以外，假期也是你偷偷变得比别人厉害的机会！

我每年都会在春节前后写完一本书。2020年，我在武汉被关了76天，结果我利用这段时间写了三本新书初稿，还将《不要等到毕业以后（升级版）》校对了一遍。

春节是走亲访友的最好社交时间，但春节也是最好的学习时间。因为春节假期说长不长，说短不短，我们不好找实习工作，也不方便出门旅游，还不如利用这段时间好好学习。

不仅仅是春节假期，暑假、小长假都是闭门学习、快速提升自己的重要时机。如果你用一个时间管理软件来记录自己每天在学校上课以外的有效学习时间，那么你会惊讶地发现，原来一天能专心学习2～3小时已经很不容易，而整块时间是系统输入的必要门槛。

我们普通人学习习惯的默认设置就是：**系统化知识需要整块时间学习，越是入门阶段，越需要整块时间专心学习。**

春节假期或国庆假期，一下子就是连续7天的整块时间呀！规划得当的话，你每天可以有10小时的有效学习时间——别嫌少，你在大学一门课往往也就是32学时，加上复习和作业时间，也不过是70小时而已！你在这一周的学习时间总和，其实已经超过了你在大学一门课一个学期的学习时间！

有的同学到了求职季，说自己对Office技能不熟。但是，这些技能并不难，经过一个7天的假期突击，你绝对能够满足职场基本办公要求，甚至比很多职场人都强。就像我们的“和秋叶一起学PPT”“和秋叶一起学Excel”课程学员，通过短期学习在职场脱颖而出根本不是难事。

所以，每个假期，你可以规划自己待在家或宿舍，密集地进行一个专题的学习或输出。**有学没学，节前节后的你是不一样的。**

知道这个秘密的人，春节都舍不得出门，用一天的时间给亲戚、朋友、同学拜年，既把礼数做到周全，又把其他时间尽量留给了自己。

春节实在太热闹了，平时要找你的老板、同学、朋友都顾不上找你——他们有很多好友要走访呢！只要不扎进这个热闹的场子里，你就会发现“地球现在并不是那么需要我”！快学！

关于春节长假、国庆黄金周或小长假期间的学习，我推荐给你几个技巧。

**第一，不动笔就不学习。**

上网课时，只有做笔记，你才会逼自己认真听，有听不懂的地方再听。动笔，可以帮助你快速进入心流状态。

**第二，密集浸泡，系统学习。**

精彩的碎片化文章很多，但看了也记不住，因为你没有建立知识体系。我推荐大家提前买书、买课，进行系统性学习。

**第三，关闭手机。**

今天的人类，平均每6分钟就要看一次手机。你的注意力就像一条活蹦乱跳的狗，你稍微松懈，它就被人牵走了。

如果你的意志力薄弱，那么你不妨把手机关了——没有了不断增加的新闻、邮件和微信消息，只剩下你和你要啃的学习任务。你别担心别人找不到你，别人没有那么多重要的事情非要找你。

**第四，找一个同伴。**

学习是需要同伴环境的。如果缺乏同伴环境，那么一个人很容易放弃。所以，约几个同学一起学，每天晚上互相报告学习进展，说一说第二天的计划，对彼此都是非常好的激励。

当然，如果你身边缺乏这样的同伴，那么你可以花一点钱去报一个口碑好的学习班。这也是为了让自己得到外力监督，让自己的学习更有效。当然，报学习班还有一个好处，那就是你会得到有经验的老师的指导，这也是非常重要的学习方式。

最后，我送大家一个福利，大家可以关注微信公众号“秋叶

PPT”，回复关键词“不要等到毕业以后”，我会免费送给大家一门网课。你只需两天的时间（一个周末的时间），你的Word水平就会超过80%的职场人。这样的挑战，要不要约?

# 第三章

## 怎样让自己变成一个有阅历的人

# 3.1

## 大学生要不要加入社团

大学新生要不要加入社团（包括当班干部或团干部）？这原来是一道送分题，现在居然变成了思考题。

有人认为，社团是大学里的一道风景线。很多人在大学社团工作锻炼了能力，结交了朋友，留下了许多美好的回忆。客观而言，大学生有社团、班级管理工作经历无疑是毕业找工作的加分项。

也有很多人认为，今天的大学社团已经沾染了一些社会上不好的风气，学生进了社团不见得能锻炼能力，反而会习得各种套路。

还有的同学说，虽然担任社团或班团干部能培养人的交际、组织能力，但这些真的太占用个人时间了，相比时间投入，性价比不高。

你看，不同的人对加入社团的态度是不一样的。如今，大学的社团种类非常多，绝大部分大学生对自己能加入的社团类型的了解非常不足。现在的大学除了班级组织，还有团组织的社团，以及很多校外的校企合作社团、公益社团，等等。

我们在大学可以加入的社团组织大体如表3-1所示。

表3–1 大学里的社团类型

| 社团类型 | 代 表 | 备 注 |
|---|---|---|
| 班级组织 | 班干部、团干部、学生党组织 | 每个班级都有班干部、团组织，如果党员多，还要成立学生党支部或党小组 |
| 高校官方学生组织 | 学生会、大学生宣传中心、青年志愿者协会、校艺术团、大学生社团联合会、大学生职业规划协会、大学生创新创业协会 | 一般指学校团委下属直管的各种学生社团，不同学校名称可能略有差异，每年开学定期举行招新。校广播台、电视台、新闻社、记者团、各种文艺社团一般归属大学生宣传中心或校艺术团管理 |
| 高校学生兴趣社团 | 围棋协会、街舞协会、摄影协会、书法协会等 | 大学生自发组织的兴趣爱好社团，一般挂靠校团委社团联合会 |
| 企业校园组织 | 新浪微博校园、腾讯校园协会、华硕硕市生、联想Idea精英汇等 | 围绕合作企业的发展理念进行运营，活动形式多样且强调创新，在社会影响力和资金投入上有自己的管理模式。因为有商业推广目的，所以在学校举办活动需要得到官方许可 |
| 全球性青年学生组织 | Enactus（创行）、AIESEC（国际经济学商学学生联合会）等 | 全球性青年学生组织，参与相应活动有助于出国留学 |
| 院系专业性社团 | 市场营销协会、电子商务协会、会计协会、人力资源协会等 | 院系组织的专业性社团，和学生专业相关性强 |

我发现大学生在加入社团这件事上存在三个误区。

**第一，没有考虑自己的时间情况，盲目加入太多社团。**

大学生首先应该考虑自己的特长和时间，选择适合自己的社团。如果你感觉学业压力大，那么你也并非一定要加入社团。

选择加入一个社团，其实也是大学生认真规划自己的时间的机会，你要看看自己每周在学业之余能为社团活动留出多少时间。

**第二，报名后没有被社团选中，认为自己很失败。**

有的同学把加入社团的数量当作自己得到认同和肯定的一种方式，这样反过来也给落选社团的同学一种压力。

没有被社团选中的原因有很多，这并不意味着你就缺乏能力。如果落选社团，那么你也可以好好复盘一下：为什么落选？是特长不匹配还是在社团面试的环节没有发挥好？我们完全可以把应聘社团当作一次求职预演。

选择加入不同的社团能够提前锻炼你求职的能力，因为加入一个社团也需要递交材料（简历）、当面交流（面试）、展示才艺（实习）、发挥作用（工作）和寻求发展（竞聘）。

当然，越是优秀、知名度高的社团，大学生进入的难度就越大。有些社团需要特别的才艺，加入一个好社团是需要过五关斩六将的。

**第三，迫于人情面子加入自己不喜欢的社团。**

有的社团招新是有压力的，或者有的社团负责人觉得规模大就是成功，于是把身边的朋友都拉入社团。关键是，大学生应该选择加入那些真正适合自己的社团。

我是支持大学生积极加入各种社团组织的，因为加入社团会让很多大学生快速成长。

人进入一个新的环境，要面对很多新的信息。这会导致一个人的生活平衡遭到破坏，从而让人很不适应。很多人也会因此讨厌意外不断的生活。但恰恰是这种平衡遭到破坏的生活，给人提供了快速成长的机会。

在进入一个新的平台或环境时，你就会发现很多新东西、新知识乃至新压力，它们会驱使你花费时间去学习，去响应，去付出，让你的生活重新回到一种新的平衡状态。在这个过程中，你的能力被新的环境倒逼提高，使你得以适应更复杂的局面。

现在的大学社团的丰富性和包容度远比我当年读大学的时候大得多。现在，一个社团要想运营好，需要主动发展成员，需要公开竞选干部，而且组织社团活动还需要拉赞助。这些对培养个人的组织管理能力和商业头脑的帮助还是非常大的。

加入新浪、腾讯、联想这样的企业校园社团，或者加入Enactus、AIESEC等全球青年社团，我们就会有机会和世界各地的大学生朋友进行交流。这些社团还会请一些名人给社团成员做免费分享，能够极大地开拓大家的眼界。

另外，我要提醒一下，个别社团的指导老师或负责人的确存在一些不良风气。因此，你在加入社团前可以找在社团里的老乡或老成员了解一下。如果你想加入的社团风气不正，那么你还是放弃为好。

# 3.2

## 学会复盘，社团免费劳动力也能学到干货

有的同学进了社团以后，发现一切并不像自己想象的那么美好，好像被老成员当成了免费劳动力：今天让出一个方案，明天让贴一张海报，后天让做一条横幅。

自己在社团里一直跑来跑去，什么都是自己在网上找模板，用上了也不知道好在哪里，没用上也不知道原因是什么。结果，自己在社团里没有学到多少东西，学习也耽误了。因此，不少新成员会在半年或一年后就退出社团，觉得有时间去谈个恋爱或刷个GPA多好啊！

不少社团成员觉得自己一开始都在做一些琐碎的工作，感觉学不到东西。那么，参加社团是不是浪费时间呢？将来有一天，我们去企业实习的时候，估计也没有企业愿意让我们一开始就负责全面工作，我们也将从帮老员工做简单、琐碎的事情开始。

那么，我们不如换个方向思考：**在做简单、琐碎工作的过程中，我们怎样才能学到东西？**

我每年都带几个学生助理，有的负责微信推送，有的负责日程管理……都是很琐碎的事情。但我对学生讲，再小的事情，你们也要坚持做复盘。我常常说，你做事做得多，不一定就会有经验，这不过是你生活中的经历。把一件事总结下来（哪怕是很小的事情，也可以形成标准化的流程），把容易犯错的地方写成检查清单

（checklist），让别人照着做，从而使大家都不会犯错，这才是经验。

这里我想讲一件小事情。在高校演讲时，我经常看到欢迎横幅。仔细想想，在工作中挂横幅的机会还真是非常多的，无论你在哪个单位，无论是内部活动还是外部交流，横幅这个东西都用得上。

对于没有工作经验的人来讲，他只知道开大会要做一条横幅。但是，对于有工作经验的人来讲，他连以下你或许没想到的问题都了解得很清楚：

- 横幅多少钱一米（没有经验的人会直接问横幅多少钱）？
- 常见的横幅有哪几种制作方式？品质差异是什么？
- 不同制作方式的价格有多大差异？量大的话，有没有折扣？
- 从定制到拿到成品需要多少时间？
- 横幅用什么字体好看？
- 如果横幅要写两行，那么下面的字体多大？一般写什么信息？
- 你单位附近有哪些商家提供类似服务？哪一家信誉好？哪一家速度快？哪一家提供送货上门安装服务？
- 你有这些商家的联系方式吗？
- 如果你自己不知道怎么做横幅，那么你知道谁能搞定这件事吗？

相信你在大学也看到过横幅，上述问题有多少个你可以回答上来？一条小横幅的背后，你可以学到什么？

**告诉别人自己参与了哪些事情，叫工作经历；告诉别人自己可以独立完成哪些事情，才叫工作经验。**工作经历多不代表你有工作经验。一个人上班时间长并不能代表他工作经验多，也许他一辈子都在重复一件事。很多人有了经历，却少了总结。有些人在熟悉的工作环境里做得很好，但是换一种环境，就会暴露应变能力不足的缺陷。

把刚才的一组问题简单替换成其他琐碎工作，我们一样可以提出一系列相关问题并总结出结构化的流程。假如你坚持每日总结做过的事情，把各种零散的细节串联成完整的流程，这就是在攒工作经验。将来你一旦有机会动手做事，就能更好、更快地做出恰当的选择。

一个人的工作经验来自他在不同岗位的工作经历，更来自他对不同类型工作的领悟与总结能力。不要因为事情简单就不去总结，也不要因为自己经历过就不去探索。养成随手记录工作内容并思考工作细节的习惯，才能让你拥有和别人不同的工作经验。

## 3.3

## 你以为活动策划人人都能做？——一场讲座背后的细节

我经常被高校社团邀请去做讲座，我观察到有的讲座安排得井然有序，而有的讲座安排得却很草率。

很多同学对邀请嘉宾来学校搞活动非常有热情，但对如何办好一场讲座经验不足。他们做事积极但不专业，常常犯了很多错误，到最后自己还不知道错在何处。

社团工作重在复盘，我曾经指导学生做了一次完整的讲座复盘，我把邀请嘉宾讲座分为六大阶段：

- 活动策划→嘉宾预约→正式邀请→具体筹备→现场活动→活动总结。

## 阶段一：活动策划

一个社团要想发展，应该有自己的定位，不能仅仅满足于邀请名人讲座。社团需要认真考虑如下问题：

- 讲座听众：针对哪一类目标人群？
- 讲座主题：设置哪些目标人群感兴趣的主题，能否得到官方预先认可？
- 可邀请嘉宾：这些主题可以找到哪些嘉宾来讲，能否与嘉宾长期合作？
- 讲座规模：准备组织多大的规模，场地是否有保障？
- 讲座费用：需要多少宣传费用、嘉宾差旅、礼品费用及人工成本？
- 讲座时间：讲座可以安排在哪几个大的时间段？

官方（上级领导）不认可的话，活动组织不起来；目标人群（受众）不感兴趣的话，活动组织不成功。得到官方和目标人群的认可，是活动策划阶段的关键。

有的同学在网上和嘉宾预约讲座，却根本没有事先和学校沟通好，等嘉宾答应后才去学校申请，结果被学校拒绝了，只能跟嘉宾说取消活动。嘉宾觉得被冒犯了，学校觉得被挑衅了（不遵守流程，先斩后奏），这样就犯了低级错误——**记住，社团活动必须先得到内部许可再邀请嘉宾。**对外沟通之前，你必须先在内部搞定关键资源，有把握了才能邀请嘉宾，否则就会浪费大家的时间。

## 阶段二：嘉宾预约

嘉宾预约阶段也是让人头疼的阶段，很多同学会通过微博或微信私信联系嘉宾，而不是正式的邮件联系。

私信联系的毛病简单说三点：

第一，不正式。

第二，越是名人，越是有很多私信和各种骚扰，消息很容易被遗漏。

第三，私信很难事后检索，会增加他人事后跟踪的难度。

很多嘉宾在自己的微博或者微信公众号提供了邮件联系方式，但是很多同学并没有去找，反而不断私信问嘉宾联系方式，这会让嘉宾觉得你的阅读理解能力很差——连我的页面都没有好好阅读，更不要说有多了解和尊重我了。

**如果你要发邮件邀约嘉宾，那么你要尽量言简意赅地说清楚这些事情：**

- 你是谁——一句话说明你是哪个学校哪个社团什么职务的谁？
- 你想做什么——邀请嘉宾来干什么？期待的主题、演讲对象和可能规模如何？是否对社会开放？
- 讲座地点在哪里——由于现在的很多大学往往有多个校区，还有很多是不同地方的独立学院，所以你要简要介绍一下你们学校的地点，便于嘉宾判断行程。
- 宣传方案是什么——如果要进行校内外宣传，那么你会如何宣传？这一点对嘉宾判断讲座价值很有意义。
- 有什么要求——活动举办时间是何时？能否解决往返路费及差旅？有无报酬？如果讲座内容需要校方审查，那么这一点也需要提前说明。
- 更多介绍——讲座的影响，以促进嘉宾接受你的邀请。
- 下一步建议——如果嘉宾同意，那么你将做什么？希望嘉宾反馈的时间最好也说明一下。
- 你的联系方式——你应该提供自己的全名、电话、邮件和微信号，询问嘉宾是否愿意你添加他的个人微信号。

邮件应该言简意赅，不要仅介绍社团就用了几千字。思考一下：如果你是嘉宾的话，那么什么样的学校、社团以及主题会让你心动?

职场人士的时间表通常都很满，如果你只提供一个时间段而对方没时间的话，他可能就直接回绝了。你不妨多提供几个时间段供嘉宾选择。如果你的活动举办时间是固定的，那么你也要做一些嘉宾预案——就同一话题准备几个备选嘉宾。若一个嘉宾没有时间，你就邀请另外一个，争取把活动搞起来。

按照惯例，主办方要为嘉宾解决路费、餐饮和住宿。你不能推定嘉宾来高校做讲座就是免费的，你需要在邮件里说明有关的安排，比如，有没有报酬，交通和餐饮如何安排。

如果没有经费预算，那么你可以直说："因为我们是高校社团，经费比较紧张，所以未能提供课酬和交通补贴，如蒙拨冗参加，我们会安排同学到地铁口或校门口迎接您，并希望您能一起来食堂用餐，重温大学时光。"很多嘉宾到大学做讲座并不图钱，但是也会考虑讲座的成本。你要先说清楚，方便对方做判断。

另外，发了邮件以后，你若有嘉宾或嘉宾助理的微信联系方式，请记得微信通知。你还可以把邮件写到石墨文档这样的在线文档工具里，顺便给对方发一份，方便对方查看。

## 阶段三：正式邀请

前期的沟通也许是非正式的，等到嘉宾接受邀请、学校正式批准并定好场地以后，你就可以给嘉宾发出正式邀请函了。

我还是建议用邮件发，甚至发正式的邀请函纸质信件。邮件可以按如下格式去写：

- 上一次情况简介——必须再次说明你是哪个学校哪个社团什么职务的人，让嘉宾回忆上次双方做的约定（还有后面的进展）。
- 邀请函——包括讲座主题、讲座时间、讲座地点、讲座对象、讲座预期规模和讲座的议程（包括答疑、抽奖和合影等安排）。
- 宣传方案——如果需要嘉宾提供资料，那么你可以在这里提出要求。
- 接待方案——包括嘉宾来学校的吃住行安排，有无安排接车，有无安排食宿，谁会陪同，有无安排送行专车，这些你都要替外地嘉宾考虑到。
- 详细行车路线——主要是从车站到讲座地点路线，还有校园内路线。
- 特殊要求——比如，嘉宾对住宿方面的要求，对讲座规模的要求，对订票方面的要求，是否需要嘉宾提供奖品、转发活动微博、做自我介绍（我建议你提前做好自我介绍的内容并给嘉宾确认），等等。
- 费用报销说明——如何报销费用，是当场给现金还是事后转账，是否要嘉宾提供票据，等等。
- 再次提供负责人以及接待联系人的电话——方便嘉宾记录。

## 阶段四：具体筹备

发正式邀请函只是这项工作的开始，你还要密切留意嘉宾对时间的确定信息——有些嘉宾可能因为时间临时有冲突，不得不变卦。你要做好预案，比如改日再约或联系备选嘉宾。

宣传方案在发出前，需要给嘉宾确认，包括海报、横幅的内容，以及微博和微信推文的宣传信息都需要嘉宾认可。活动文案上要注意说明时间、地点、主题，还有是否对外开放。如果活动对外开放，那么你应该在活动配图里详细说明行车路线，便于校外听众自己查找。

好的讲座都要关注受众。作为活动主办方，你有责任把受众的基本情况告诉嘉宾，比如听众是谁，大几的学生会比较多，哪个专业的学生喜欢记笔记，学生想听什么话题，学生关注什么问题，以前类似讲座的反响如何，等等。你要尽可能把这些信息提供给嘉宾，便于他们做一些针对性的准备。

特别提醒你要注意，讲座的规模不一定求大，但一定要让嘉宾感觉到活动组织得很成功，也就是一定要努力保证上座率。

比如，你借了一个300人的教室，最后只来了100人。这给人的感觉就很不好，嘉宾也会觉得自己的讲座不受重视。如果发现预约上座率不高，你就要适当地进行宣传发动，把会场人气造起来。

## 阶段五：现场活动

现场活动开始前，主办方往往容易忽略如下细节：

（1）要在讲座开始前一周或三天用短信或微信提醒嘉宾注意行程安排，避免嘉宾忙忘了。要在讲座前三天再次发详细交通路线，便于嘉宾打车或行车。这时，你可以在微信里直接发定位地图信息，以“地图+文字信息”的形式发给嘉宾或嘉宾助理，方便嘉宾行车。

（2）如果学校安排了宣传活动，那么你要把宣传推文、线下海报照片发给嘉宾或嘉宾助理，让嘉宾感受到被重视。

（3）要在讲座前一天再次礼貌地确认嘉宾日程安排，告知当地天气情况，询问嘉宾是否需要接车——有可能嘉宾是从同一个地方别的现场赶过来的，不需要你接。

（4）接到嘉宾后，你要马上再次和嘉宾确认现场活动流程，比如有无预热，有无其他领导讲话，有无其他社团宣传，有无答疑环节，有无互动过程，有无抽奖环节，活动后需不需要合影，嘉宾对活动整体时间控制要求，还有演讲完之后的住宿安排。具体如何操作，你需要给嘉宾简要解释说明。

（5）在活动开始之前，你需要给嘉宾介绍学校这边的领导和老师，让嘉宾感觉轻松。

（6）嘉宾抵达学校可能会赶上吃饭时间，特别是晚上的讲座，因此你要询问嘉宾是否需要安排餐饮。如果你没有安排正式餐饮，只是便饭，那么你也需要表示歉意并感谢嘉宾支持工作。

（7）如果现场主办方对嘉宾有介绍，那么介绍文案也需嘉宾再次确认。

（8）如果嘉宾来得比较早，那么你应该考虑给嘉宾安排一个休息的地方并准备茶水，顺便问问嘉宾演讲时喝什么饮料——有的嘉宾无所谓，有的可能不能喝凉水。

（9）特别要注意嘉宾的演讲PPT要求，比如是否需要投影，是否需要无线话筒，是否用自己的电脑（如果嘉宾用自己的电脑，那么你需要提前测试电脑和投影仪是否可用），是否对PowerPoint

（演示文稿软件）版本有要求，是否需要遥控笔，是否需要白板。这些细节需要提前测试和确认。

对于活动现场的流程，主办方容易忽略的细节如下：

（1）如果有微博、微信互动，那么你需要在大家进场时进行宣传。你可以给入场同学发一个小卡片，以提示大家如何操作，因为大家有可能看不清大屏幕。

（2）开场应该介绍活动流程，比如有无答疑，怎样答疑（比如提前准备问题，写到纸条上），有无抽奖，怎样抽奖，是否可以在结束后合影。如果嘉宾行程紧张，那么你也要事先告知大家：今晚嘉宾可能还要赶赴其他地方，不能多留，大家应抓住机会提问。

（3）如果你要在活动过程中发微博，那么你应该提前有所准备，不要临时发一张照片并配一句话。你不妨事先想几句和嘉宾匹配的文案，再配发多图微博，这样效果会更好。

（4）在现场活动过程中，你要特别注意提问环节。因为会场大，嘉宾可能听不到问题。你应该提前测试话筒的音量，并安排同学快速传递话筒。如果没有话筒，那么你要考虑如何方便嘉宾回答，比如收纸条。

（5）讲座结束后，可能会有很多同学要找嘉宾签名或者合影。这时你应该考虑引导一个座位给嘉宾签名，并组织会场秩序，控制时间，以免耽误嘉宾的后续行程。

（6）活动结束后，你应该安排专人将嘉宾送到目的地。如果嘉宾留宿，那么应该有专人负责嘉宾第二天的出行，避免嘉宾因疲劳误点或者因人生地不熟而误事。

### 阶段六：活动总结

（1）安排活动对外宣传，包括内部新闻宣传和新媒体宣传，特别是微博、微信这样的宣传，应该追求深度和质量。一条写得好的微博、微信朋友圈不但能够概括活动的亮点，还会引起参会同学的回应，也会让嘉宾开心转发。

微博、微信的形式可以是“点评+现场多图照片”，不要停留于拍个现场照的水平。

（2）在讲座结束后1～2天内，你应该给嘉宾发一封感谢信，感谢他的到来和支持，并且就讲座现场反馈情况给嘉宾一个汇总，也请嘉宾对活动本身提出建议或给予指导，以便你日后改进。

（3）在全部活动完成后，你需要做一个系统总结，形成流程。这才是主办方最大的活动收获。

看到这里，不知道你对举办一次社团讲座需要关注的细节是否有了新的认识？

**一个优秀的人只需要完整做一件事，就能充分证明他的能力。**

## 3.4

## 社团占用我太多学习时间，怎么破

有的同学在刚加入社团时工作很投入，慢慢发现工作越来越多，责任越来越大，最后发现社团工作和学业产生冲突，时间不够用了，觉得社团工作严重影响了学习。

在加入社团之初，你就要记住，不能因为加入社团而耽误学业，学业是根本，社团是锦上添花。有的同学有很多社团经历，偏偏专业成绩一塌糊涂。这样的话，用人单位也许会觉得你做事情主次不分。

已经发现自己时间不够用的同学，应该把这件事情看作一个学习时间管理的机会。加入社团后，你要兼顾学习和生活，时间会变得支离破碎，你可以退出社团重新获得大块时间来解决问题。在大学，你还有退出社团的自由；但将来到了职场，你是不容易退出的。因为在职场，每个人都要同时兼顾不同的事情，工作之余还要兼顾家庭、朋友。你在社团遇到的困难，将来在工作中一样会遇到。

有同学问我："你是大学老师，既要教课，又在外面做讲座、做培训，并在网上做直播，还有时间运营微博、微信，一年还能出版几本书，我们做学生都觉得时间不够用，你哪里有时间做这么多事情？你一天到底睡几个小时？"

这个问题是很多职场人的苦恼。上班后，职场人要兼顾工作和生活，时间会变得支离破碎，想做一点正经事情都抽不出时间。

还有人抱怨，微博、微信、短视频本是想用来打发碎片时间的，自己慢慢上瘾后，总是忍不住去刷屏，结果很难静心完整地只做一件事，从而失去了长时间做一件事情的专注力。

如何解决这一困境？有人提出，要恢复专注静心做事的能力。但我认为，绝大多数人不能奢望通过获得大量空余时间来解决问题。

读大学，你有找到大块时间做事情的可能，但在职场，你是不可能指望挤出大块时间做工作的。有句老话：计划不如变化快。现代职场，总的趋势就是工作时间越来越碎片化。在没有微博、微信的时代，我们的工作时间早就被电话、邮件、QQ、会议打断，成了碎片，而微博、微信、短视频只不过加剧了这一趋势。

认识到这一点，我觉得真正的问题是：你有没有办法利用碎片时间完成系统的工作？或者说，在碎片时间工作模式下，你是否依然能够保持连续和整体的思考，同时又不丧失快速反应的能力？

大多数人会有一种误会，认为重要的工作一定需要大块的时间来完成，比如写一篇文章至少需要一个上午不被打扰。

我们在写文章的过程中，往往会出现两种情况：第一种情况是下笔如有神，给自己一个安静的时间段“一蹴而就”；第二种情况是写了好几个开头，我们都无法深入下去，只能换个时间再写。

为什么会有两种不同的结果？答案很简单，写文章之所以顺畅，是因为你原来对这个问题就有很多的积累。因此，如果给你一个安静的时间段，你就能下笔成文。假如你对要表达的问题缺少积累，那么给你再多的时间，你也无法写好。

有些工作的确需要大块的时间，但如果你不提前做足准备，那么这些大块的时间并不会被高效利用。

我的写作习惯是“五分钟文章法”：

一篇完整的文章=五分钟构思+半小时提纲+五分钟构思+半小时提纲+五分钟构思+……+五分钟构思+两小时高效率写作+五分钟修改

对于写文章这件事，我往往没办法安排一个白天甚至一个上午的完整时间，即便安排了也没有灵感动笔。我会预定一个写作时间，在此之前，利用一切可以利用的碎片时间提前构思。

这里讲的构思可以是带着问题查资料、找素材、请教他人，也可以是随手写下一些灵感。这样的构思片段多了之后，我就抽出相对完整的半小时把碎片灵感整合成一个提纲或一个小段落文章，然后继续积累素材。攒的内容多了，我自然就有写的欲望，我用两个小时就可以写完5 000字甚至10 000字，并且质量还不错。

做其他的工作也是如此，比如营销策划、项目计划或书籍出版，很多智力劳动都可以利用碎片时间完成。这就是现代人必须建立的一种时间管理能力：利用碎片时间完成大块的工作。鲁迅先生说："哪有什么天才，我只是把别人喝咖啡的时间用在工作上。"我想鲁迅先生一定也是具备了利用喝咖啡这种碎片时间工作的能力。

在我给很多朋友介绍完碎片时间利用的经验后，他们觉得非常有道理，但实施起来往往效果不明显。其实，他们没有为自己的碎片时间建立结构化管理的方法。

下面简单介绍我的方法：学会给单位碎片时间寻求多元化

用途。

现在问自己一个问题：我可以利用的最小单位碎片时间是多少，是一分钟还是三分钟，都用来干什么？

一分钟可以干什么？

三分钟可以干什么？

五分钟可以干什么？

十分钟可以干什么？

……

大部分人在面对这个问题时很难给出三种以上的答案，有的朋友甚至回答看微博、微信和短视频。

当碎片时间找不到合理的用途时，其最大可能就是浪费在你习惯的事情上。

我要求大家为每一个单位碎片时间找到三到五种有价值的用途，比如，三分钟可以回复一条短信，回复一个消息，回复一封不重要的邮件，看一下微信消息，练习某个单点手绘技巧，构思一条微博，查找一个素材。

然后，我们需要进一步思考：在公交车上，三分钟能干什么？在教室里，三分钟能干什么？在卧室里，三分钟能干什么？

我建议你动手做一张表格，这样在任何场合，一有碎片时间，你就马上可以有各种工作安排，而不是临时去想干什么。碎片时间的用途越多，你的时间支配自由度就越高，你也就越能在短时间内完成不同的工作。

这样你就能把每天的碎片时间串联起来完成一件重要的工作。

我每日更新微信公众号文章就是利用上班路上的一点时间攒灵感，然后花10分钟整理出提纲，再通过各种交流途径得到大家的反馈意见，然后在下班路上继续攒灵感，等到晚上相对不忙的时间封闭自己，一口气把内容写出来。真正写作的时间大概只花了一个小时。

与其养成依赖大块时间才能做重要工作的习惯，还不如提前训练利用碎片时间处理各种问题的能力。当然，我并不是说有些工作不需要大块的时间，而是利用好碎片时间可以节约大块时间，或者提高大块时间的利用效率。

在不同场合，你有哪些碎片时间，你分别能用它们干哪些事情？欢迎填写你的碎片化时间用途归类表，如表3–2所示。

**表3–2　碎片化时间用途归类表**

| 场　合 | 碎片化时间单位 | 你分别能用它干哪五件事情 |
|---|---|---|
| 教室 | 5分钟 | |
| | 10分钟 | |
| | 20分钟 | |
| 寝室 | 5分钟 | |
| | 10分钟 | |
| | 20分钟 | |

（续表）

| 场　合 | 碎片化时间单位 | 你分别能用它干哪五件事情 |
|---|---|---|
| 公交站 | 5分钟 | |
| | 10分钟 | |
| | 20分钟 | |
| 候车室 | 5分钟 | |
| | 10分钟 | |
| | 20分钟 | |
| …… | | |

当你在社团遇到时间管理的压力时，也许这是逼你学会时间管理的机遇。当然，如果实在难以兼顾，你就得壮士断腕，优先保护你的学业。

# 3.5

## 大学也是一个小社会：如何面对不公平

有人说，自己加入社团是为了锻炼自身的能力，结果发现很多人进来就是为了建立各种各样的人脉关系，比如为了当上部长、社团主席，为自己谋取利益。而自己进入社团后除了开会，就是被上级领导安排各种杂事，觉得这些事情对自己的成长没有什么好处。这种观点很容易在一部分大学生中引起共鸣。

很多大学生很真诚，正因为真诚，所以他们的眼睛里容不得沙子。现在的大学生社团多多少少沾染了社会不良风气，毕竟学校也是社会的一部分，难以免俗。

但我不建议同学们先预设立场，认定大学社团就是黑暗或者喜欢搞形式主义的地方。我们不要遇到不如人意的事情，就先用情绪做判断，要想一想这样的事情发生的原因是什么，我们有没有办法改进到更好。

比如，在干部的挑选上，社团一般采取“公开投票”的方法。这个方法没有错，很民主，但也存在问题。通过“投票”选拔上来的干部，大部分是有能力的，也是有“人缘”的。

没有人能保证有“人缘”的干部就一定是有“能力”的。但在社团选举过程中，大部分学生会更容易受人缘的影响，而不是考察其专业能力和奉献精神。毕竟拥有好人缘的人，往往和其他学生比较熟，而其他人对其专业能力和奉献精神会缺乏判断。

有位高校老师的解决方法是：继续保留“公开投票”的方式挑选干部，但只限于对“干部候选人”进行公开投票。

干部候选人必须在实际工作中证明自己是有能力的，也就是在有能力的人当中挑选出有“人缘”的。

第一，实行“积分制”。由社团主要领导对普通会员及其他干部进行评估，即对他们在每次活动中的表现、考勤情况等进行打分。挑选干部时，我们可以把分值前几名的会员作为“候选人”。

第二，建立“精英部”。“精英部”每月会对全体会员进行一次招新。我们可以把每个部门积分前几名的会员纳入此部门。此部门由社团的几位主要领导负责，并且社团在现今及将来的人事任免上以此部门为核心，以后的活动负责人和主要理事也将产生于此部门。

不管是新会员，还是极其普通的会员，只要有能力，有突出表现，都可以加入“精英部”。同时，在此部门已有成员中，如果谁出错或者表现连续不好，那么社团可以经过讨论把其踢出此部门。

这样做的好处如下：

（1）基本上保证了干部既有能力，又有人缘。

（2）新会员和普通会员也有机会进入核心部门，并能获得更多锻炼，这是一种强有力且持续性的鼓励。

（3）最大限度地利用了社团的人力资源。

所以，有的人在看到问题时会思考如何从制度上解决问题，通过完善制度避免出现同样的问题；有的人只会抱怨世界不公平，反而让自己陷入负面情绪，进而排斥外面的世界。

相信这个世界应该充满善意，和认定这个世界一团黑暗都不是理性的态度，都是一样的天真和无知。不同的人做同样的事，可以做出不同的结果，这才是比较正面的思考。

往远点说，我们迟早要步入社会，选择不同的单位。单位也可以看作一个个大大小小的社团，有的工作氛围你喜欢，有的工作氛围你不喜欢甚至厌恶，但是因为种种情况，你不得不待在其中，那么你是选择离开还是随波逐流？

如果发现社团的不公平，那么你也正好可以提前体验一下自己有没有能力去解决问题，这也可以为自己将来走入社会提前打预防针。

另外，我还想分享一个有意思的案例。我收到过两封来信。

一封来信的人说，在评选奖学金时，他虽然成绩很好，但由于没有参与社团活动，一等奖学金被一个在社团中很活跃但成绩略不如他的人拿了，他觉得不公平。

另一封来信的人也觉得不公平，作为班长，他没有得到奖学金，奖学金给了成绩最好的人，他觉得这样没人会愿意付出额外时间做班干部。

这两封信都是在谈一个话题，公平和不公平其实来自不同的观察角度。理解了这一点，我们就学会了很重要的一课，即在了解一件事情的是非曲直之前多听一下双方当事人的意见，这会让我们有冷静的思考。

在网络上，这样的案例很多。比如一个引起公愤的案例，过不了几天，其剧情就来了一场狗血大反转。因此，下次你在愤怒之前先等一等。无论你认定对方有多么不对，也应该给当事人一次申辩的机会，之后再发表看法也不迟。

不了解社会的人，容易依据看到的现象对社会上的事情妄下断言，没有深入了解事情的本质就速速得出结论，这恰恰是我们缺乏批判性思维的表现。

公平不是靠诉诸力量或争取同情去保障的，而是要依赖合理的程序去保障的。我们在讨论一件事情公平与不公平之前，不妨问自己三个问题：

（1）你的信息是来自单方面的看法还是多方面的调查？

（2）你的想法是对事不对人，还是对人不对事？

（3）你的结论是制度不公平，还是个案不公平？

大家可以到网上搜索关键词“罗伯特议事法则”，了解罗伯特议事法则会议的操作流程。以后在遇到不公平的事情时，我们可以按照罗伯特议事法则让不同的人平等发表自己的看法，也许能得到更好的解决方案。

千万不要因为在融入社会时遇到不期而遇的挫折和打击就变得偏激，保持理性也是我们在大学里要修炼的技能啊。

## 3.6

## 没有钱也能做公益，一起去社会实践吧！

我们在大学里经常会遇到需要捐款的情况，比如某某同学因为身体抱恙或家庭变故需要大家捐款。一提到公益，有人就觉得是不是又要捐钱，觉得自己是学生，没有钱，公益离自己还很遥远。

公益是关乎社会公众利益的事情，是每个公民对社会的回报。无论年纪多大，无论有没有钱，你都可以力所能及地为这个社会多做一点贡献。国外大学在录取学生时很看重奉献精神，有公益活动经历是很多名校录取学生的加分项。

公益慈善行为应该量力而行，善心不分多寡，佳行不分高下。做慈善不只是捐款捐物，慈善的形式多种多样：平民百姓之间互相帮助、互相接济，是慈善；每个人让自己生活好，也是慈善，因为我们不需要社会救助就是节约了社会救助的资源。

大学生还没有稳定的收入来源，不应该是公益捐款的主要对象。但大学生一样可以参与公益，帮助别人，这其中有很多很多的方式。

**大学生要花一点时间，了解有哪些合法的公益渠道。**

其实，公益已经发展为一个相对专业的领域。每年9月民政部会在深圳举办“中国慈善展览会”，每年12月团中央会举办“中国志愿服务交流会”，还有腾讯的99公益日和阿里的95公益周等，这些都是公益界的盛会。感兴趣的同学可以去看一下，了解今天的社会公益有哪些形态，有什么自己可以参与的项目。

顺便说一下，面向不特定的公众筹款叫作公募。高校里的社团是没有公募资格的，而且社团直接收钱募捐会有捐款去向缺乏监督、不透明的问题，我不建议通过这种方式做公益募捐。

现在网络转账这么发达，很多人希望能够直接把钱给到真正需要帮助的人，但也有人利用大家的爱心，用公益作幌子骗钱。我们也要学会鉴别真伪。

**大学生最丰富的资源是时间，因此他们可以去做志愿者。**

联合国认可的民间慈善组织国际狮子会的理念是，一个社会公民，应致力于帮助全球需要帮助的人，亲力亲为——出钱、出力、出席、出心。我们不能把慈善简单等同于捐款行为，而要把慈善变成自己对身边的人、社区的人的长期服务行为。很多公益活动需要大量的志愿者，大学生就是志愿者的主力军。

其实，高校都非常鼓励大学生就近到社区去提供志愿服务。一来，这是社会实践的良好方式，大学生可以和社区居民打交道，培养和现实世界打交道的能力；二来，服务半径不大，大学生的安全有保障；三来，参加社区服务时，大学生会接触到很多老人、小孩、弱势群体，这是一场深刻的田野调查教育。

**下乡助学是大学生做公益最容易切入的领域。**

很多大学在寒暑假有“三下乡”活动，花费几个星期甚至一两个月的时间，组织学生志愿者去边远地区助学。下乡助学不仅能够为边远地区的孩子们带来新鲜的知识，还能磨炼大学生的独立生活能力，这是很值得的。

在汶川地震结束后，一群志愿者留在了北川。每年暑假，北川都会举办“那山成长营”，全国各地的志愿者都会过来陪北川儿童度过一个难忘的暑假。这个公益项目获得过全国金奖，大家有兴趣也可以关注和参与。

如果你想更进一步，那么你可以参加团中央的“西部计划”——鼓励应届高校毕业生或在读研究生用1～3年的时间到中西部基层开展基础教育、服务三农、医疗卫生、基层青年工作、基层社会管理、服务新疆、服务西藏等方面的志愿服务工作。其中的“研究生支教团”，一般还能享受高校的保研优惠政策。

虽然西部地区的生活环境很艰苦，不过你可以看到纯净的高原、皑皑的雪山、浩渺的星空，还可以尽情把你对教育的思考化作一节节课程，撒入孩子们的心田。这既助人，也能自省。

**网络拓宽了公益的边界。**

不是每个人都可以长时间离开校园去支教。那么，大学生还有什么途径可以参与公益呢？

现在社会上出现了一些网络支教的项目，比如U来公益——通过视频连线进行网络教学，这样我们足不出户就可以支教了。

如果你的英语水平不错（或者想提高英语水平），那么你可以参加一些公益翻译的项目，帮助把一些工具书、文章翻译出来（注意，内容要符合国家法律法规要求，我们也不能侵犯他人版权）。

联合国志愿人员组织（UNV）是联合国的志愿者组织，不时会放一些线上翻译志愿服务到官网上。这些项目都是经过政府认可的，你也可以参加。

**我们不仅会在自我技能的锤炼中成长，还会在帮助别人的过程中获得人生的圆满。**

# 3.7

## 带着脑子勤工俭学，在简单工作中学到大本事

最近几年，“寒门难出贵子”成了热门话题。读大学的成本越来越高，对一部分贫困家庭造成了巨大的压力，这是客观的事实。为此，高校提供了奖学金、贷学金、社会助学金、学杂费减免、特困生补助等方式，解决了很大一部分同学的学费负担。

大学生解决生活费问题最广泛的途径还是勤工俭学。我很支持大学生通过自己的双手或大脑劳动获得一些收益，补贴生活，减轻父母的压力。当然，有的同学参加勤工俭学不是为了钱，而是为了丰富人生阅历。

很多大学生对兼职比较有兴趣：一是觉得工作比较稳定，有相对较高的报酬；二是能更好地培养自己各方面的能力；三是可以为自己以后到公司谋职提前做准备。

好的兼职机会相当难得。受限于大学生的能力和时间，大学生更可能接到的是家教、卖报、散发宣传资料、送货、营销、广告企划、设计、学校流动教室清扫、食堂清洁、图书管理、厕所保洁等简单、单调、枯燥、辛苦的工作。

有同学问，把学习的时间用来做廉价的劳动，是不是太浪费了？

大学生做零工在很多人看来不过是发发传单、送送报纸、去肯德基或麦当劳做服务员等。对一些女生来说，也就是做做淘宝

主播、兼职模特之类的。很多大学生觉得做这类工作没面子，收入也不高，也学不到东西。

其实，这种想法是错误的。就拿发传单这件事情来说，很多同学都在求职简历上写了自己有勤工俭学发传单的经历，但是你们能回答如下问题吗？

（1）传单该如何设计才能吸引眼球而不被马上丢弃？

（2）在公交站、小区、学校周边选择哪个点发传单最有效？

（3）发传单的最佳时机是什么时候？

（4）什么样的人喜欢接传单，他们是营销对象吗？

（5）如何在人群中发现你要找的营销对象？

（6）以什么方式使行人快速接受你的传单？

（7）如果同一地点存在很多竞争对手，那么你应如何避免冲突？

馒头商学院创始人王欣回忆金山时期的雷军带着他们拿着软件盒子向客户推销的经历。每次雷军都卖得特别好，回来以后还会很得意地问王欣："你知道为什么我卖得比你好吗？"

王欣也很郁闷："为什么一个大姑娘能卖得比大老爷们还差？"

雷军说："你看，我每次推销的都是手里拎袋子的人，拎袋子的人都是买过软件的人，证明他们是有软件购买习惯的。我找的是目标用户，但你是随便抓到一个人就推销。"

王欣说，雷军在发传单时非常强调细节。比如，拿宣传单页给用户时，我们不能以本人的视角递过去，而应该反着以用户的视角递过去。再比如，包装盒的正面、侧面、反面的设计，产品在各种货架上的陈列，怎么把卖点和价格写得让用户一看就知道，这些都有很深的讲究。

王欣说，后来他们这群人都能独立创办一家公司，其实和当年那些看似无用、非常琐碎、非常枯燥的细节是有关的。

今天的小米总裁雷军当年居然也是发传单的高手，很小的事情里面往往有很大的学问，这恰恰是一些眼高手低的大学生看不到的。培养能力最关键的不是你在做什么工作，而是你做工作的时候怎样思考。

家教大概是中国最常见的大学生勤工俭学方式，我就为女儿请过英语、书法、大脑记忆学的大学生家教。我观察过他们的教学方法：有的大学生明显只是照本宣科，没有章法；但有的大学生有一点教学套路，会认真选择教材，分解教学单元，进行教学过程互动，安排课后作业，定期测试巩固。

虽然家教的小时工资不高，但这也是一个完整的教学体系。如果能通过做家教积累出做培训的套路，那么你将来在职场中会受益匪浅，因为成人职场培训里的很多流程也是相通的。

我还要提醒大家，在外找兼职或勤工俭学的时候要注意安全。

一般的高校学生处或团委设有勤工俭学中心，每年会安排一定数量的贫困大学生参加勤工俭学，但是僧多粥少，难以解决全部需求。一些中介公司或个人就会利用大学生急于寻找兼职工作的心态，往往以押金或服务费的名义向学生收取一定的费用，钱到手后马上销声匿迹。另外，一些商家利用大学生对劳动保护法规的不熟悉，把他们视为廉价劳动力，任意克扣或拖欠工资。

骗子利用大学生轻信的漏洞骗财的案例很多，我提醒同学们在勤工俭学过程中要加强风险意识，凡是涉及还没赚钱就要掏钱的事情要多留个心眼。

## 3.8

## 预演你的职场——九个建议助你实习抢先一步

我有个学生的师姐在世界500强企业实习，需要回学校备考，于是便向公司人力部门推荐这个学生来接替她的实习岗位。正好企业也需要人，于是简历上一点实习经历都没有的这个学生便捡了个世界500强企业的实习工作。

这个学生在实习期间很认真，将复印、跑腿、报销等琐碎工作做得一丝不苟，一有机会参加具体的项目，就通宵看资料、写方案、做PPT。有什么不懂的，她就勇敢地请教同事。几个月实习下来，她已经成了一个小能手。公司同事不舍得放她走，并主动向人力部门推荐她。于是，该公司早早跟她签订了三方协议，她成为那一届同学里最早找到工作的人，而且薪酬待遇很不错。

相信很多人都听过类似的故事，很多大学生抓住实习的机会，把实习当成职场的提前演练，这样真正上阵时才不慌不忙，更有底气。

自从带着大学生创业后，我前前后后带了几百个实习生，曾经在内部总结了实习生最容易犯的四大错误。

**错误1：错误地衡量自己的价值。**

为什么我的报酬和低年级学生一样？

为什么我明明是研究生，报酬和本科生一样？

为什么我是名牌大学学生，报酬和普通大学生一样？

用人单位是按工作岗位和贡献来定薪的，不是按照员工的学历、学校、年级来定的。在证明自己的能力之前，你只能接受岗位定薪；在证明自己能创造价值以后，你才有资本和单位谈待遇。

**错误2：不问不汇报，等着领导问。**

领导交代实习生去寄一个快递，结果实习生到快下班时都没有反应，领导一问，实习生回答："我早就寄出啦！"如果你已经把快递寄出了，你就应该主动给交办人反馈，否则别人不清楚你到底做了没有。

**"事事有回应，事事有交代"是职场的基本要求。**对于今天交代的工作，你如果今天完成了，就赶紧报告一下；如果今天没有完成，下班时就应该反馈进度，让领导心里有数。

**错误3：遇到困难没有主动沟通，而是等领导问进度再反馈困难。**

领导让实习生去做一个PPT，一天过去了，他也没有反应，领导一问，实习生才说："我不会做PPT，正在学。"

领导交代实习生联系一个人，过了半天，领导一问，实习生才回答："我没有这个人的电话"，或者"发了信息，还没有回复"，抑或"加微信好友，还没有通过"……

如果你在接受任务的时候觉得有困难，你就应该马上告诉领导。如果你在执行任务的时候发现有困难，你就应该马上求助。

**错误4：踢一脚动一下，对于常态化的工作，做了一天就不做了。**

有些实习的任务是常态化的，比如每天搜集市场信息、整理最新微信热门文章、归档文件等。接到任务以后，有些实习生在第一天还有兴趣做一下，后面发现领导不是每天过问，就放着不管了。等到要调用素材的时候，他发现已经落下一大截。

实习生一定要明确哪些任务是一次性的，哪些任务是常态化的，根据要求来落实。团队领导的工作很忙，实习生作为一个补充力量，一般不会被安排太重要的任务。最常用的方法是，领导开始时会安排一些小任务测试你一下，发现你靠谱就会安排更重要的任务。如果你需要他不停地督办才能完成零碎任务，你就永远都不会得到更重要的锻炼机会。

那么，怎样才能做一个好的实习生呢？这里有九个建议：

**（1）既要带着学习的心态，又要有正式员工的责任心。**

很多同学都是抱着想学点东西的念头去实习的，但公司给你付费不是让你来学习的，而是让你来创造价值的。你必须时刻想着公司对正式员工的要求是怎样的，也要努力达到要求，甚至想着怎样才能把事情做得再好一点，从而帮公司创造更大的价值。

**（2）复述领导交办的任务，确认无误后再执行。**

做到这一点，你就能胜过90%的实习生了。人的表达是有信息耗损的，有时候领导觉得他说清楚了，其实你没有理解。最好的方式是，当领导交办完工作后，你马上复述一遍任务内容。如果你理解得不到位，那么你可以马上得到领导的纠正；如果你的理解没问题，你就可以开始执行了。

复述时注意按“5W1H”结构汇报：任务内容是什么（what）？这件事情的目的是什么（why）？从哪里可以获取资料（where）？什么时候要交（when）？和谁沟通、向谁汇报（who）？打算如何执行（how）？

**（3）有不懂的地方，要勇敢发问，善用搜索。**

当执行任务遇到困难时，你不要觉得提问很没面子，应该勇敢地请教领导和同事，让他们教你怎样做。但一定要记住，在请教他人之前，你要搜索一下自己的问题。能自己找到答案的，你就不要麻烦别人。

**（4）坚持写工作日志和工作清单。**

每个实习生都应该养成写工作日志的习惯，对今天做了什么、做对了什么、做错了什么进行复盘，这样才能积累更多的工作经验。

如果单位琐碎的事情太多，那么你千万不要相信自己的记忆力，而是要写工作清单，完成一项在清单上打钩关闭一项，务必要形成“不遗漏、不忘事”的习惯。

**（5）先信任而不是质疑你的领导。**

职场环境很复杂，谁都有可能遇上奇葩的领导。如果你觉得领导人品不行，能力不行，那么你可以趁早离开。如果你觉得领导的人品和能力没问题，那么你要学会适应领导的风格，信任他能把团队带好，做好自己分内的小事，并多观察多学习他的工作方法，努力让自己适应他的工作习惯。

**（6）不要让领导把一件事情强调两次以上，请马上落实。**

当领导把一件事情强调两遍以上时，这说明他心里非常在意这件事，甚至说明他非常不满意事情的进度，因此你要尽快去落实。如果你不能马上做完，那么你也要尽快给他一个进度说明。

**（7）挨了批评应该感到幸运。**

如果因为自己事情做得不好而被批评了，那么你千万别觉得委屈。职场是真刀真枪的地方，没有人应该惯着你，这里只凭业绩说话。

受委屈了，擦干眼泪，做好复盘，从头再来。毕竟，没有比实习期更低成本的试错了，你应该感激这么早就学到教训，而不是等到正式工作时再犯低级错误。

**（8）观察企业对员工的要求。**

我们在学校是很难真实地感受到用人单位对员工有什么要求的。只有实习，你才能深刻体会到企业在用人时相比学历更看重经验，相比能力更看重品质。

那么，你的经验、你的品质在哪些方面能达到企业要求，在哪些方面还不能达到企业要求？如何培养抗压能力？如何在压力下快速进化？如何控制自己的情绪而不被工作中的事情影响？

实习后，只有对上述问题足够了解，才说明你在实习中取得了真经。

**（9）让实习单位成为就业跳板。**

所谓就业跳板，是指你不要一门心思留在实习单位工作。你可以在实习过程中了解实习的单位有哪些同类企业，哪些岗位用人需求量大，以及哪些职务适合大学生。

抓紧一切机会认识所有可以认识的人，比如带你的师傅。将来在你求职的时候，他们可能给你更加专业和具体的建议，甚至成为你的内部推荐人。和一起实习的同伴建立友情，交换联络方式，你们很可能不在一个学校，但将来可以互通信息。

# 3.9

## 考什么证可以增加竞争力

每个高校都不缺考证狂人，大一考计算机二级资格证，大二考四、六级英语证书，大三考注册会计师，大四考驾照……有的同学到毕业时，已经攒了大大小小十几个证了。

大学生热衷考证，究其原因：第一，从小就是这么考过来的，考试是最熟悉的方式；第二，就业压力越来越大，多个证多条出路。当然，也有人是看到别人考自己也考，随波逐流。

对于选择考什么证，我建议从以下三个方面来考虑。

**第一，这个证的含金量高吗？**

人社部每年都会更新认定的证书名单，每年都有一些证书被取消（或者不再报考）。人社部认可的证书，在以后评定职称、证明专业能力上都更容易被承认。

有些像国家心理咨询师二级等人社部不再认可的证书，说明该行业已经不再以证书为门槛了，你需要重新分析行业的门槛有何变化。

相比之下，培训机构自己发行的证书，其含金量就参差不齐，你需要多方了解。

人社部每年都会公布全年的考试时间表，你只要认准这个时间表上的证书，就不会错。

**第二，证书能够增加竞争力吗？**

一般来说，证书分两种：通用型技能证书（如英语、普通话、驾驶）和专业型技能证书（如法律、会计）。

通用型技能证书对每个人都有用，比如，驾照就特别适合大学生考。因为驾照考下来通常要好几个月，又经常有针对大学生的学费优惠，大学阶段考下来比工作以后再考要划算得多。

专业型技能证书要看和你的本专业是否能够结合。如果你是一个医学生，决定以后要从医，那么会计证书对你来说就没什么用途。但如果你是一个法学生，那么会计证书对你来说则如虎添翼，因为你可以看懂财务报表，可以从事更多的商法业务。

**第三，除了考证，还有什么方法可以提高竞争力？**

如果你有很多证书，那么这证明你有很强的考试能力。但你要想证明自己的应用能力，还得靠作品或实践。

不能光用一堆证书来证明自己的能力，你还要结合自己的专业知识，扎实学一些能够在实际中解决某个问题的软件或工具。

比如，打算在机械、建筑、服装行业工作的同学可以考虑学好专业CAD制图软件，打算在电子行业工作的同学可以掌握一门专业电子设计软件，打算在工程行业工作的同学可以掌握一门报价软件，诸如此类，然后做出好的设计作品给用人单位看，就会更管用。

我建议大学生在考证时可以这样筛选和准备：

（1）在网络上搜索你想去的公司和职位，看看它们在招聘时要求应聘者拥有什么样的证书（如果公司不要求证书只要求经验，你就赶紧去实习）。

（2）标注你感兴趣的证书和师兄师姐推荐考的证书。

（3）整理一个考证时间表，把每年各个证的考试时间罗列出来。

（4）结合自己的专业和时间规划，精选一些适合自己的证书。

（5）选择适合自己难度的证书。有的证书分级，你必须从最低级考起；有的证书不分级，你可以直接从自己想要的级别考起。

（6）不要贪多。证书是考不完的，大学四年时间是有限的，你务必精挑细选，然后精准发力。

（7）计划出国的同学，趁着大一、大二专业课不多，早点考托福、雅思，给自己申请出国留出缓冲时间，免得大三、大四专业课、实习和语言一起上，很容易吃不消。

# 3.10

## 选择让自己成为有担当的人

南京航空航天大学的徐川老师有一篇网文《答学生问：我为什么加入中国共产党？》特别火，他在文章中调侃：

有很多同学一谈入党动机都是套话连篇，动不动就“从小爷爷对我说”。纯粹是为了让自己显得基础牢固、条件成熟，随时把爷爷搬出来忆苦思甜。要么是从小爷爷对我说，吃水不忘打井人；要么是从小爷爷教育我，没有共产党就没有新中国；要么是从小爷爷告诉我，生在红旗下，长在新中国……

我一度深深地怀疑，大家拥有同一个爷爷。

的确，很多大学生父母会反复强调，入党很重要，到了学校要积极向党组织靠拢，尽快递交入党申请书。很多父母的想法是：如果孩子以后要进入公务员队伍，那么入党是很重要的一个加分项。坦率地说，一部分大学生入党的确是抱着实用的态度的。

很多大学生在做一件事情之前，习惯先问一句“好不好？”。其实，其潜台词就是做这件事对自己有没有实际的好处。有，就去做；没有，则敬而远之。

例如，考英语四、六级证书，因为事关大学生毕业找工作，所以我们在校园里处处可见张贴着的英语培训广告，大家争相报名；而像哲学、人文、科学等则乏人问津，图书馆里的名著在架上生尘。

入党本应该是人的政治信仰选择。中国共产党最根本的政治信仰是什么呢？我的理解是全心全意为人民服务。

2020年的新冠肺炎疫情使武汉成为重灾区，全国大量的医护工作者不畏生死，毅然来到武汉支援。在武汉本地，很多人主动申请做志愿者救灾，他们被称为最美“逆行者”。这些最美“逆行者”大部分都是党员身份。我觉得这样的人身上体现了一个党员的觉悟，一个党员的担当。

这才是我们加入中国共产党的原因——全心全意为人民服务，而不是为自己谋取私利。

回到徐川老师的《答学生问：我为什么加入中国共产党？》这篇文章，他说：

我开始读党史，我想从这个党的诞生经过去寻找答案。不为了考试，不为了考级，只为了内心的平静，只为了给内心那些涌动的不安找一个落脚的地方。

然后，我有了太多太多的疑问。

比如，一个只有十二三个代表的大会，一个只有50多人的政党，最小的不到20岁，靠什么克服千难万险聚集到一起？比如，那些早期代表有的衣食无忧，有的在外国留学，有的身居高位，是什么让他们心甘情愿抛弃一切干共产？比如，中国近代史的舞台上各方都有登台亮相的机会，北洋军阀、封建复辟、辛亥革命、国民政府，为什么是共产党最终走到了历史舞台的中心？比如，这个逆袭的政党诞生之初没有任何光环，没有任何背景，没有任何资产，哪里来的一往无前的勇气和底气？比如，这个命运多舛的政党一路面临各种围剿追击，面临各种逃离、掉队、背叛，靠什么坚持到最后的胜利？比如，历史始终在观看，人民始终在判断，是什么让人民选择了共产党，而不是别的其他政党？

答案只能是两个字：信仰。

是谁选择了共产党？历史，还有人民。

入党之前，我想大家应该认认真真读一遍党史，思考一下：为什么是中国共产党领导了今天的中国？而你作为中国未来主人翁中的一员，又想为中国贡献怎样的力量和智慧？

# 第四章

# 大学里能不能收获爱情和友情

# 4.1

## 大学里应不应该谈恋爱

很多中国父母都曾对自家孩子各种耳提面命，告诉孩子绝对不能早恋，一定要把心思放在学习上！当你毕业开始工作时，他们就着急了：“快点找对象，你找到对象没有？”

问题是，恋爱是一项技能，不是到了年龄自然就会有的，也是需要学习的，只不过有的人悟性高，有的人悟性低。现有法律并不禁止大学生结婚生孩子，与其讨论“大学该不该谈恋爱”，不如讨论“二十岁出头的时候，我们如何拥抱爱情”。

有人说，大学时期的爱情幼稚，因为大学生离开家乡和熟悉的同学，需要找人取暖；或者因为看了一部浪漫韩剧，他们就想体验一把心跳的感觉；抑或因为性激素分泌过剩，年轻人需要释放。

也有人毕业后怀念大学时期的爱情，因为大学阶段可能是人生里最后一段纯粹而自由的时光，还没有为柴米油盐所困，还没有被家庭背景左右选择。而且，对于大学里的爱情，双方可以不急于考虑结婚，不谈论收入，不用顾虑太多，就是单纯对彼此热烈的、无法抑制的喜欢。

谁不想拥有这样的爱情呢？在懂得计算“共同生活”成本、

计较“门当户对”之前，彼此好好地爱一场——坐在你的身边，在球场上为你加油，在宿舍楼下等你出来，在图书馆里一起学习，想一想空气都是甜的。

如果你在大学里能遇到一个让自己怦然心动的人，那么你一定要尝试谈一场恋爱。恋爱的过程，也是学习人和人之间如何经营亲密关系的过程。**爱是一项需要习得的本能。一个人可能事业成功，却可能婚姻不幸福；一个人可能非常聪明，却可能在感情中屡屡受挫。**

我们需要在交往的过程中学会爱一个没有血缘关系的人，学会去观察、去理解、去包容、去照顾另一个人。因为尝试爱一个人会帮助我们培养同理心——原来对同一件事情，人可以有如此不一样的看法；因为尝试爱一个人会培养我们的耐心——等待、守候、承诺；因为尝试爱一个人会让我们变成一个更好的人——我们想为对方变得更好、更优秀。

**爱不是一种状态，而是一个动词，只有不断地被浇灌，才能维持。**钱钟书和杨绛之间的爱情被很多人羡慕，两位老先生一辈子相敬如宾。1935年，二人新婚不久便启程远赴英国求学，在船上发生了他们一辈子中唯一的一次争吵。起因是，杨绛认为钱钟书法文“bon”的读音带乡音，钱钟书不服，于是他们就都说了一些伤感情的话。最终两个人讲和，觉得吵架很无聊，约定以后有事要共同商量，商量不妥，各持异议，不必求同。此后，两个人就再也没有过争吵了。钱钟书和杨绛两位老先生，就是懂得持续经营爱情的人。

爱绝对不是一帆风顺的，每对情侣都会有无数次想要分手的瞬间，只不过有的熬过去了，有的熬不过去了。克里斯多福·孟所著的《亲密关系》就说："在亲密关系中，所有的一切都是重要的组成部分，即使是令人不悦的冲突与不适的情境。"

在恋爱中，我们越是深入了解一个人，就越会发现彼此价值观的不同和生活习惯的差异。正是因为爱对方，所以我们会去正视这些差异，并想办法解决或妥协，甚至因为不可调和而选择分手。爱是一件让人着迷的美好事物，连争吵和误会都那么有意思。在恋爱中受伤后，听歌、读书、追剧都能让我们拥有不一样的体会。我们只要记得爱情电视剧不是现实，不要把夸张的剧情投射到现实生活中就行了。

**你如果在爱情中受伤了，那么请不要失去对爱的信念，亲密关系需要试错和锤炼，谁都不是第一次就遇到正确的人。**

这些过程，都是对自己心智的磨炼。爱让我们笨拙，又让我们成长。即使是不圆满的爱情，也至少让我们知道了自己不适合怎样的人，期待遇到怎样的人。

最后分享几位大学生的爱情困惑，也许能引起你的共鸣。

**问：**大学里有真的爱情吗？

**答：**我相信哪里都有真爱，只要两个人都真心付出。只是在感情这件事情上，人犯错误的概率会更高。因为当情感蒙蔽了理智时，人很容易对错误视而不见。而爱情里最大的悖论就是，如果这件事情太理智，它就不那么像爱情了。

**问：**大学生谈恋爱很普遍，但是随之而来的可能是各种意外甚至分手，那么在大学谈一场草率的恋爱合适吗？

**答：**不同的人对爱情有不同的看法，有的人率性而为，有的人三思而后行。这个世界之所以可爱，就是因为存在种种和你不一样的人。不要认为别人比你随便，我们并不一定真的了解别人。只要不妨碍其他人的生活和权利，对于别人怎样谈恋爱，我认为包容是更好的选择。

**问：**为什么总是想着一个我根本不了解的姑娘？这是爱吗？什么是爱？爱需要理由吗？

**答：**对异性的好奇心会引导你发展出各种情感，但是在没有真正了解爱的含义时，我们不妨称之为迷恋。迷恋不需要理由，但爱需要。年轻的时候经历少，往往以为喜欢就是爱。只有等你懂得付出和回报是对等的时候，你的爱情才有坚实的基础。

**问：**爱情要强调门当户对吗？

**答：**恋人分手的原因有很多，其中最大的一个问题就是两个人性格差异很大。门当户对的两个人，具有共同的成长背景和更合拍的价值观的概率更高，就不容易出现“因为误会而相爱，因为了解而分手”的情况。“门当户对”归根结底是价值观上的匹配，而不单单指物质条件上的匹配。

**问：**为什么曾说只要和我在一起喝粥都很快乐，将来无论怎样都不分手的女孩，突然头也不回地离开了我，她为什么要欺骗我?!

**答:** 很多时候不是对方要欺骗你，而是人不知道自己要找的是什么，所以要经过很多反复和试错，才知道自己到底要什么，包括理想的爱情。年轻时以为说出的话就是承诺，可有一天才明白，做到自己的承诺其实需要多么大的勇气和决心。

**问:** 他对我很好，但是我觉得我们在一起不合适，但是又享受他对自己的这份宠爱，这样好吗?

**答:** 你越享受这种好，就越容易产生负疚感，因为你知道内心还在渴望遇见那个懂你的人，却又习惯依赖这种好。等遇到真想在一起的人，你会为自己的依赖付出代价。如果不爱，请不要耽误彼此的时间。

**问:** 和前任男朋友同班，分手后，我们还经常见面。怎么才能避免尴尬?

**答:** 大学里谈恋爱有一点特别尴尬，恋爱对象往往是自己的同学，低头不见抬头见。分手后再见面的尴尬完全是正常反应。你们见面尴尬，也许是还在意对方又不想让对方看出来；也许是顾虑面子，担心同学们的各种评论；也许是一时无法适应突然由亲密到疏远的距离感；也许还有其他更微妙的原因。这种尴尬其实是蛮重要的经历，它会告诉我们如何看待自己过去的选择，如何与有过亲密关系的人相处。对于无可逃避的事情，我们最好的解决方案也许是用时间来化解。

**问：**大三了，我没谈过恋爱，是不是很丢脸?

**答：**不要因为寂寞去恋爱，也不要因为爱情迟来就纠结。你应该耐心让自己成长，等待那个能听懂你灵魂歌声的人出现。

**问：**你是怎样看待爱情的?

**答：**我理想中的婚姻不是夫荣妻贵或妻荣夫贵，而是你让我的人生变得丰富，因为你让我的灵魂终于完整，让我的存在富有意义。要做到这些，我们需要携手走过现实中的风风雨雨，面对生命中的平平淡淡。世界并非只有一种答案，发生在别人身上的爱情未必就一定可以在你身上复制。每个人对爱情和婚姻都有自己的答案，每个人都希望自己的答案是正确答案。我相信正确的答案就是，我们是人，我们不能拒绝相爱。

## 4.2

## 比勇敢表白更难的事情，是耐心

读大学时，我是一个不知道如何把爱说出口的人。我非常害怕表白，为一个人纠结几个月很常见。今天的年轻人可比我们这代人直接多了。

有个小男生给我发微信说："我表白了，被拒绝了，感觉好失败。"

我忍不住问："你表白前确定她喜欢你？"

"当然啊，我请她一起喝咖啡，她没有拒绝啊。我们一起喝咖啡时，我从她看我的眼神里感觉她是喜欢我的，没有想到她会拒绝我啊！"

这位小男生的话让我仿佛看到了当年的自己，以为女孩子对自己笑一笑，多说几句话，就是对自己有好感，其实哪有那么容易的事情啊。

两个人要建立亲密的关系，不能总相信一见钟情，更可能的过程是慢慢熟悉，慢慢了解。一般来说，两个人从产生好感到最终确认恋爱关系，会经历四个阶段：认识—相知—暧昧—相爱。

作为同学，双方在班级、社团或者某个场合认识了，互相加了微信，留了联系方式，这只算是认识。大家在场面上都会说一些客套话，别以为女孩子对你笑就是对你有好感，她可能是出于礼貌，对谁都保持微笑。

在很多小说和电视剧里，双方认识后，男主为了让女主关注自己，各种约会，各种请女主周边的朋友帮忙，希望创造两个人单独在一起的时间，从而让对方了解自己。

但是，如果对方对你根本没有兴趣，压根就不想与你交往，那么直接拒绝你也很正常。也许对方有对象了，也许对方现在不想谈恋爱，也许对方的直觉是不喜欢你，你们之间的关系暂时就只能停留在认识阶段了。

如果两个人能有一段独处的时间，双方就能深入聊聊彼此的成长经历、兴趣爱好和性格理想等，评估对方是不是自己理想的意中人，这便进入相知阶段。

这个阶段的约会，并不等于双方确定了恋爱关系，只是双方互相了解的一种方式。当然，双方一起学习，一起参与共同的项目，也可以了解对方的性格、爱好和价值观。

先不说价值观，很多人喜欢一个人，连对方喜欢吃什么，喜欢什么颜色，有什么爱好，在听谁的歌，看谁的书，都一无所知，甚至都不关心别人的生活习惯，就想让对人喜欢你。这不是爱，或许只是为了满足自己的虚荣心或欲望。

应该说，这个互相了解的相知阶段是非常重要的。你只有确定对方是合适的人，才能继续将对方当恋爱对象交往。实际上，现在的很多人之所以喜欢一个人，往往是因为颜值，还没有对这个人的性格进行深入了解。

今天，好多男孩女孩公开说自己就是颜控，我完全理解这一点，我也是颜控。但是，两个人选择恋爱时，也不能天天将看脸当饭吃啊。我们还得想想将来婚礼上说的那句话：“今后，无论顺境还是逆境，无论富有还是贫穷，无论健康还是疾病，我都不会放弃你。”容颜总会老去，我们愿意为对方承担这份沉甸甸的责任吗？

那经过了相知的阶段，确定对方是自己的意中人，是不是就可以表白了呢？那也不行。你喜欢别人，不代表别人就必须喜欢你啊。

如果你发现对方回应你的消息很慢，对你的见面邀请不置可否，每次见面都不愿意一个人来，或者见面时和你总是保持礼貌的距离，你就应该知道，虽然你很喜欢对方，确定对方就是你要找的那个人，但对方还没有这样想呢。

这个时候，你要么知难而退，要么迎难而上。你得创造出与对方单独相处的氛围，用各种方式去争取对方的好感，赢得对方的认可。这个过程在香港有一个很有趣、很老的系列喜剧片，叫《精装追女仔》。不管是男生追女生，还是女生追男生，总得经历一段暧昧的过程。

这段时间也许很短，也许很长。如果对方喜欢你，那么对方会愿意继续和你见面，一点一点对你放宽社交距离，比如在见面过程中不排斥你的一些暧昧的动作——帮对方夹个菜、帮对方拿包或摸摸头之类的。

你如果想表白，那也得确定人家并不反感你，愿意和你交往才行。不能因为你觉得对方喜欢你，然后你就搞一个“大表白”，对方就应该被你感动，就应该和你在一起。

其实，表白不难，感动人的表白方法也许有一万种，但你只有先耐心地争取一个人的好感，才能让你的表白得到积极的回应。

就算你当场表白成功了，对方也许只是一时头脑发热答应你，第二天还是觉得不合适，只想与你继续做朋友，你也要接受。

我还想提醒表白成功的年轻人，这只是一段感情的开始。恋爱之初，恋人之间彼此有“情人眼里出西施”的效应，但是随着了解程度加深，西施效应可能会消失，曾经甜蜜的感情也可能让你渐渐觉得烦恼、自卑、沉重、厌恶、痛苦。那么，这段感情很可能是有问题的，你需要重新审视是否要继续下去。

无论如何，爱一个人更需要的不是热烈的表白，而是耐心的陪伴。在陪伴的过程中，你要记住，**好的爱情应该让彼此成为更好的人。**

# 4.3

## 我爱你不后悔，但也接受故事结局

小A和男朋友都是独生子女，毕业的时候各自父母都要求他们回到家乡城市去工作。他们和家里磨了很久，但是没有一方父母愿意低头：小A妈妈觉得“女孩子不能远嫁，以后你受欺负了谁帮你”；男方家里觉得“我们就一个儿子，还要靠他养老送终，不能送给别人当儿子”。最后，他们只能含泪分手。

他们约定不再见面。一个没有去照毕业照，一个没有去毕业旅行。爱了很久的两个人最终要分手，这是一种什么感觉？就像用了好几年的手机，装满了各种有趣的聊天记录和照片，却因为手机太卡而不得不格式化的那一瞬间。

所有的告别都令人伤感，因为毕竟真心爱过。

有统计显示，大学情侣能够走到婚姻殿堂的并不多，但这并不代表这段感情就不应该开始。**好的感情不论成败，不好说谁对谁错，只不过是双方牵手走了一段路，然后好好告别。**我爱过你不后悔，但也接受故事结局。

从一开始的海誓山盟到决裂分手，付出那么多的感情突然没有了，也不是每一个人都能接受的。

有的人心理防御机制会开始运作，开始为感情结束寻找替罪羊。他们觉得最好都是对方的错，只有完全否定对方，才能让他们相信分手是对的。很多分手都伴随着争吵，最亲近的人总是能够最精准地刺伤你："因为你不够好，所以我要和你分手。"这些伤人的话很难在记忆里忘却，会让很多人经历失眠、心碎和自我怀疑。越是年轻人，越有可能把分手归结为"自己的魅力不够""自己做错了什么"。爱得越深，分手对一个人自信心的打击就越具有毁灭性。

分手真不一定是你的错，分手对你来说也不一定是坏事。电影《志明与春娇》里有一句台词："谁一辈子没喜欢过几个人渣？"早点离开不适合你的人，其实是一种解脱，这样适合你的人才有可能出现。

分手的痛苦会让人尝试转移注意力。有的人可能会出去喝酒，疯狂买买买，疯狂吃吃吃，或者疯狂沉迷某件事，甚至马上去找一个新的伴侣。那么，失恋的人有没有更好的解压方式呢？我有十点建议送给大家。

（1）千万不要酗酒。酗酒不仅伤身体，还很可能使你在酒后做一些糊涂事。

（2）刚失恋会很难接受，但不要因为难受就马上去找对方，先给彼此一段时间，最好都反思一下。马上回头求复合大概率会让你失望。

（3）把对方从微信朋友圈里删掉这件事，我完全理解，只要你觉得有必要。

（4）谁失恋都会难过，与其到处转移注意力，不如给自己找一个发泄出口。很多人在失恋后因为难过开始写失恋日记，记录自己的想法，然后理智问地自己："我现在做什么对自己更好？"

（5）不要觉得以后再也不会遇到像他（她）这样对自己好的人了。当遇到的人足够多时，你会发现值得自己交往的优秀的人其实挺多的。

（6）失恋的你会无精打采、吃不下饭、莫名恶心、失眠，甚至痛不欲生……但看到曾经爱过的他（她）好像没事一样，你会特别崩溃。我能理解你的感受，但不要去考虑别人痛苦还是不痛苦。你们已经分手了，对方的感受和你已经没有关系了。重点是，你要照顾好你自己。失恋后，你不需要用对方的表现来惩罚或安慰自己。

（7）所有好的习惯，都请你坚持。你只不过是和一个人分手了，而不是和你过去那段美好的人生分手了。

（8）你可以找死党、闺蜜诉苦，不要到处说前任的坏话，这只会让人觉得你缺乏判断力，"君子断交，不出恶言"。有没有错是对方的事，有没有风度是你的事。你更不要把隐私告诉别人，不是每个人都会珍重你的隐私。

（9）你不妨出门去旅游一趟，换一个环境，换一种心情。如果条件允许的话，那么你可以尝试一次长途旅行，你会发现外面的世界很精彩，不值得一直在自己的小世界里伤春悲秋。

（10）学一件你一直想学却又从未开始的事情，比如插花、跳舞、摄影、写作。

最后，时间会让一切过去。**不管如何，你要仍然能像从未跌倒那样尽情跳舞，仍然能像从未受伤那样奋力去爱。**毕竟明天还有日出啊！

# 4.4

## 男友说爱情和性不能分，怎么破

说完爱情，大学生绕不过去的一个问题就是性。很多同学会问，要不要和男朋友（女朋友）发生性关系？

性是正常的生理需求，无论男女，有性需求都是很正常的。关键是，我们要清醒地认识这件事情，对自己的选择负责，不要被别人的观点绑架。

说到性，我给女生七点建议。

（1）如果他想发生性关系，但是你不想，那么你最好尊重自己的选择。你要记住：想用身体留住男生的女孩子是天真的，想用爱情逼迫女孩子献身的男生是混账。

（2）身体的结合最好发生在彼此了解、信任的基础上。如果你们刚刚在一起，他便迫不及待地想与你发生性关系，那么你应该好好考虑一下，你真的准备好了把身体交给这个人吗？

（3）如果你还没有准备好，那么请不要给他机会，避免和他单独在一起时间过长，避免开房，避免两个人出去旅游，避免去一些人少的地方，避免去夜场喝酒。这样你就可以防止一时头脑冲动做出后悔的事情。

（4）如果你已经有了性经验，那么这不是什么坏事。一个成年人迟早要拥有这些经验。

（5）让你获得性体验的人不一定最后能在一起，甚至会让你伤心，这都是正常的人生。希望你不要过度抱怨，永远不要失去爱的勇气。

（6）遇到太看重你的第一次有没有留给他的男生，是他的问题，不是你的问题。

（7）不要对性骚扰的人客气，让他们滚远一点，哪怕是语言骚扰都不行。

对男生，我也有七点建议。

（1）如果你有性冲动，那么这说明你身体正常。自慰（俗称手淫）是释放性冲动正常的方式之一，别为此过度焦虑。喜欢讲荤段子，看色情电影，其实也是一种释放性冲动的安全方式，但为学业考虑，我不提倡，你也要克制。

（2）想和异性，特别是喜欢的异性发生性关系，也是正常的，不要因此觉得自己是个坏人。但你也不要被性激素控制，以免头脑发热，做出后悔的事。

（3）别人答应做你的女朋友，不等于她想和你发生性关系。

做一个尊重女性意愿的绅士吧。

（4）当你想和一个女孩子发生亲密关系时，那么你要想清楚，有的女孩子会希望你对她的未来负责，你愿意负责吗?

（5）如果你与对方发生了性关系，之后又想分手，那么你会遇到一些麻烦的亲密关系。这也将是你人生中学到的一课，所有的事情都有代价。

（6）不要因为好奇去体验极端的性冲动释放方式，比如恋物癖、暴露癖、窥阴癖等。

（7）最后，不管你是哪种情况，请永远记得正确使用安全套!

# 4.5

## 你的朋友是什么人，你就是什么人

“一个人的财富和智慧，基本上就是五个与之亲密交往朋友的财富与智慧的平均值。”这个定律在我们大学时代就开始发挥作用了。

四川大学华西男2舍110寝室的六个男生，于2019年12月获得包括北京大学、浙江大学在内十五个名校的offer，其中五个人顺利保研，一个人出国。

清华大学2号楼474房间出了三个院士：王光谦、胡春宏和倪晋仁。

厦门大学芙蓉12楼同一个宿舍出了三个院士：田中群、孙世刚和孙勇奎。

是学校未卜先知把学霸们都分在了一个宿舍吗？更有可能的是，一个宿舍的同学互相影响，激励彼此成为真学霸。

大学生在宿舍里一天平均要待13～14小时，扣除睡眠时间还有5～6小时，室友是我们第一个要面对的小圈子。和一群陌生人朝夕相处四年结下一生的友谊，也许只会发生在大学这段时间。如果可以的话，那么请尽量和你的室友做朋友。

很多人说："我的室友太烂了，有这样那样的缺点，自己想学习都被室友问'你装什么装，我们一个二本学校，整天学习有意思吗？'，这会让自己非常丧气。对于这样的室友，我还要交往吗？"

身边的室友不是同道中人不要紧，你可以与对方继续和谐相处。你不能选择你的宿舍，但是可以选择你的朋友。大学这么大，还有互联网，你总可以找到志同道合的小伙伴。换句话说，你要学会跟这个世界和平相处，也要有自己的核心交往圈子。

**你选择了怎样的朋友，就选择了怎样的圈子。**

在一个高能量的圈子里，你的能量也会提升。在一个高速奔跑的团队里，你的速度也会加快。

我在做在线教育创业的第五年，开始尝试线上打卡学习PPT的模式。很多大学生加入了我们的"秋叶PPT进阶营"，学习如何做出让人眼前一亮的作品。他们中的很多人来自普通院校，分布在全国各地，但因为PPT而互相熟悉和认识，毕业以后甚至选择来到秋叶团队工作，成为独当一面的人。2020年，这群刚刚毕业的小伙伴，组建了八个人的团队，一起完成了一本高质量的关于

PPT的图书《说服力：让你的演示更精彩》。刚刚毕业就写出一本书，在普通人眼里完全不可能，但是当你和一群优秀的人一起奔跑的时候，一切皆有可能。

在大学这几年的时间里，人和人很容易拉开差距。有的同学也许已经习惯晚睡晚起、天天玩游戏的生活；有的同学充满激情，相信奋斗的青春最美丽。

每一个平庸的人获得安全感的方式就是，让你变得和他一样。不甘平庸的你不一定需要和你身边的同学合群，但一定要找到吸引你的同伴。在大学，每个人都应该尽快找准自己的朋友圈子。你想成为怎样的人，就去寻找怎样的圈子。你想留学，就去找一起留学的人；你想有强健的体魄，就去找跟你一起运动的人。

大学里找到同道中人，并没有那么难。在学校里的论坛、社团，网上的豆瓣小组，以及线上、线下的培训班，你都可以发现很多有共同兴趣的人。

我一个朋友有个微信公众号，叫“北辰青年”。他就发起过很多有趣的活动：

- 找到你感兴趣专业的人，和他用72小时互换专业。
- 收集失恋纪念物，建一座失恋冷藏馆。
- 7天小确幸生活行动。
- 收集933种孤独，建一座孤独博物院。
- 凌晨4点，带一杯热咖啡见校园守夜人。
- 邀请1 000个人，参与24小时隐身实验。

这些活动吸引了同样感兴趣的人参加。如果你也感兴趣，你就有可能通过活动认识更多与你有共同爱好的人。

“寻找同道”也是一种能力，是需要培养和练习的。

（1）多参加一些社团。在这些社团组织里面，你会遇到自己谈得来的朋友。

（2）培养自身爱好。这会帮你找到有共同爱好的人，而且你们之间更容易融洽相处。

（3）和三观相近的人做朋友。你应该观察别人日常做人、做事的态度和方法。如果对方和你的理念接近，那么你可以优先将其接纳为朋友。

（4）在互联网社群里交朋友。很多有影响力的人如今都开了博客、微博、微信公众号、短视频或直播，围绕这些有影响力的网络大咖会形成各种各样的社群。加入这些社群，多观察，多学习，慢慢地你就能发现你想交往的朋友，说不定你还能成为大咖们的小伙伴呢。

## 4.6 如何与讨厌的同学相处

我们到哪里都会遇到熊孩子，到了大学也一样，特别是和熊孩子住一个寝室，真的是有苦难言。有的同学不懂顾及别人的感受，半夜打电话，玩手机不消除按键音，个人物品乱扔，袜子长期不洗，乱翻别人的东西，以为关系好就不打招呼使用别人的物品，在寝室里抽烟……

这些都让人难以忍受，对他直说怕伤其面子起冲突，好不容易找机会与其沟通了，可没几天他又旧病复发，让身边的同学苦不堪言。

有些同学不会为别人考虑，不注意自己的言行，侵犯了别人的利益还不自知。在寝室中过集体生活，不同性格的人之间的矛盾容易在狭小空间里被放大。矛盾被激化后，敏感的大学生会因为很小的事情和同学发生口角、冲突，甚至因矛盾激化走向极端，这样的悲剧并不少见。

怎么办？一是彼此加强沟通，互相体谅，争取同学关系得到改善；二是你若发现对方确实不是一个能沟通的人，就敬而远之。

（1）减少交流。你如果真的讨厌一个人，就没必要假装自己和任何人都能处得来。有话说话，有事就处理，处理完事情就告别。

（2）不要在背后说别人的坏话。一种好的修养就是，哪怕你非常讨厌一个人，也不要刻意去中伤人家。

（3）讨厌是相互的，会加深彼此的对立情绪，也会造成很多误解。当你讨厌一个人的时候，这个人也可能不喜欢你。因此，你也要做好被人讨厌，遭人背后说坏话甚至受人攻击的准备。

（4）尽量减少争执。与你讨厌的人去争论并不明智，只会加重彼此的厌恶感，你应该把时间用在真正对你好的人身上。

（5）保持镇定，别试图通过讨好别人去改变现状，做好你自己更重要。有时候，顺其自然说不定还能等到缓和彼此关系的机会。

很多时候，我们不能选择身边的人。对我们来说，在大学遇到形形色色的人，不失为一个绝佳的学习机会，可以让我们学习如何与不同性格的人交往。

很多同学在中学时已经有了集体住宿经历，但大多数是在家乡，周围的同学来自同一个地域，大家都讲同样的方言，都有相似的饮食习惯，都有着高考这个共同的目标，并且按照同一个时间表作息，相处起来并不会有太大困难。

上了大学以后，你的同学来自天南地北，大家追求的东西很不一样，作息更是千差万别。有人大一就决定要考研，延续高中的生活方式，把学习放在第一位；有人认为青春就是要轰轰烈烈爱一场，为了恋爱可以放弃一切，每天都要与对象聊天到深夜；有人认为学校里学不到什么东西，要尽快开始实践，情愿翘课去练手做小生意。

对于与你的生活习惯、学习方式、价值观不同的同学，你要学会换位思考：为什么对方会这样做？如果我是他（她），有着一样的成长环境，那么我会不会也做出同样的选择？

**对于很多认知，在换位思考后，你就会想通。一旦你能理解对方，就能找到很多问题的解决方案。**

大学里也有贫富差距造成的隔阂：为什么我奋斗了10多年，考上了这所大学，却还不能和你一起喝咖啡？

很多从农村考上大学的同学，发现同宿舍的同学都是来自大城市的，同学谈论的餐厅自己没有听说过，同学一件衣服的价格相当于自己半个月的生活费。他们难免会觉得自己格格不入，有失落感。

有的同学每年要靠助学贷款交学费，还要勤工俭学，只能拼了命地努力学习，甚至想拿到励志奖学金为家里减轻负担。有的同学每个月都有家里给的充足生活费，觉得上大学就是培养兴趣和体验世界的，因此凡是新开张的饭馆都要去尝鲜，学摄影就要买单反相机，学英语就就必须报一个培训班……

由于每个人的消费习惯和家庭环境都不一样，所以我们没有必要去评判别人的正常生活习惯。换个角度想，有些好东西，尽管你现在还没有条件拥有，但也不用嫉妒，至少你现在有机会近距离地了解，这不是比一无所知更好吗？至少今天的你通过努力，在学历上与别人到达了同一起跑线。

反过来说，有些苦你没有吃过，在大学里可以近距离地观察同学的难处，你会对世界有更丰富的理解，更有同理心。学会和不同消费层次的群体相处，不让别人感到被冒犯，这也是一种人生的修炼。

要和同学相处好，你不妨从慷慨分享开始。大头敏读大学时，有一个来自新疆的女孩子，给大家带来了奶贝，挨个宿舍送一点，这一下子就拉近了她和同学之间的距离。

家庭条件不宽裕的同学，也不缺帮助别人的机会。在大学里的考试周，每个学生的压力都很大，再不爱学习的学生也要面临考试的压力。你不妨和同学分享你用心做的笔记，用费曼学习法把自己学到的东西讲给大家听，指导大家如何使用论文网站，如何用Word做好论文格式排版……这样你很快就会成为一个受欢迎的学霸。分享学习笔记和成果，完全不会让你的收获减少，反而会帮助你巩固知识体系。我们不会因为教会同学一个学习方法而吃亏，却可能会因为帮助同学而获得事业上的人脉。

任何社会都欢迎一个愿意帮助别人的人，不要和同学在生活细节上斤斤计较，愿意吃小亏的人才能捡到大便宜。与其讨厌身边的人，不如学着理解身边的人，帮助身边的人，多把时间花在值得学习和关注的人身上。要是坚持这样做的话，你大概也没有多少精力去关注那些让你讨厌的人啦。

# 4.7

## 我不想太社会，大学生需要经营人脉吗

很多人会告诉年轻人：走向社会后要取得成功，你离不开人脉。一些成功学也打着人脉的幌子对涉世未深的年轻人招摇撞骗。因此，有的大学生花了很多时间在结识人脉、混圈子上，一时也认识不少人，在校园里和很多人称兄道弟，看起来很厉害的样子。

这种行为在我看来，不一定是在经营人脉，而是无效社交。酒桌之交不过是点头之交，等你们毕业后再见面，对方也不会因

为当年在一起喝过酒就应该帮你做点什么。

没有谁愿意帮你，除非你对他有价值。说起来，这似乎很庸俗：你要有被别人利用的价值，才会成为别人人脉的一部分。但事实就是这样：一个没有任何一技之长的人，却跑去学人家玩人脉，不是遭冷眼就是被人骗。

我做PPT“成名”后，很多人都主动索取我的联系方式，无非看重两点：第一，我能帮他们策划出好的PPT，而PPT是职场中被广泛应用的沟通工具；第二，我的自媒体流量不错，在各大平台都有可观的粉丝，很多人希望有一天能利用我的流量。

人脉不是你认识厉害的人，而是厉害的人想认识你。在大学，你不要刻意去经营人脉，而应该努力让自己变得更好。只要有了一技之长，你在别人眼中就自然拥有了结交的价值。

我开通微信公众号以后，有一个铁粉，每天都会给我的微信公众号文章留言，分享她的感受和心得。我出书以后，她一本不落买来阅读，读完还会在豆瓣上写长评，写完长评转发到微博再转给我。这样的铁粉谁不爱？我不但经常转载她的书评，而且在开通秋叶MCN（multi-channel network，多渠道网络服务，是一种新的网红经济运作模式）以后，还专门交代小助手邀请她加入。我与她见面以后才知道，她是一名普通的大学生。对于这样的大学生，我当然伸出了邀请她来秋叶团队工作的橄榄枝。

**作为一名普通的大学生，你为了结识优质人脉，就要体现自己的价值。你要多想想，你可以为别人创造怎样的价值。**

如果你是一个社团负责人，那么你在设计活动的时候要多想想自己可以为同学们带来什么收获，可以为一个自费过来的嘉宾带来什么样的影响力。

如果你参加了一个活动，那么在活动结束以后，你是否可以写一篇复盘文，从如何把活动办得更好的角度给主办方提提意见？

如果你爱写作，那么你是否可以坚持每日更新，把自己的公众号“养”起来——这样既可以证明自己的写作能力，又可以建立一个流量池？

**就算在与普通同学的交往中，你也可以沉淀未来的人脉。**

有的同学会觉得同学之间的友谊不应该是纯洁的吗？攀关系、认老乡、拜兄弟这些庸俗的事情是大学生应该做的吗？在大学认识大量的同学就是为了将来让其可以成为职场的帮手吗？

其实，这是对人脉经营的误解。在学校的各个社交场合，如果你表现得体，待人一贯真诚热情，那么你当然能给同学们留下更深刻的印象，这种印象会增进别人和你进一步交往的意愿。

俞敏洪在北京大学读书时，给大家打了四年的热水，以至后来在他创业时，很多同学都放弃了美国的高薪工作，跟他回来一起打拼，因为他们相信“可以为我们打四年热水的人不会让我们吃亏”。看！坚持打开水也能打出未来事业的人脉。

在学校参与或建立一个社团，定期举办活动，乐于分享信息，力所能及地帮助同学，你可能会慢慢拥有越来越大的影响力。当你需要帮助时，很多人就会伸出援手。

如果每一次你总是给同学们留下热心、诚恳、靠谱的印象，那么将来与同学们在毕业后遇到合作机会时，你肯定会因为校友阶段积累的好印象、好口碑而得到更多的机会，这是再正常不过的事情。

有一个著名的六度分隔理论，说你和世界上任何一个人之间最多间隔不超过六个人。但是，这些间隔不是均匀分布的，里面有少部分人是“超级人脉节点”，超过一半的连接都是通过他们发生的。在大学里，很多**老师就是大学生最应该建立良好关系的超级人脉节点。**很多大学生也许会忽略或者不屑与老师搞好关系。其实，学校里的老师是学校管理系统的血管，他们掌握学校很多一手信息。你如果和老师多保持沟通，就可能获得更多的机会。

不要觉得老师偏心，这个社会的很多机会本来就是你要争取的。努力争取才有先发优势，机会也只留给有准备和肯努力争取的人。

现在，你对大学里的人脉有没有新的想法呢？

# 第五章

## 考研、公考、出国、就业、创业，哪条路适合我

# 5.1

## 未来十年，社会需要怎样的人

有个学生问我：“世界瞬息万变，我在大学该如何培养我的能力，才能跟上未来世界的趋势？”

**我讲一个趋势：未来90%的工作，都将由人工智能取代。**

如果大家去银行网点办理业务，那么你们会发现现在很多网点不仅用机器帮顾客完成存取款，就连办卡和开户都由全自动机器来完成。但更多人会告诉你，他们早就不去银行了，有个智能手机就全搞定了。是的，我们已经进入“大数据+机器智能”在线服务模式了。

别说银行是因为标准化服务而可以用机器人，就连做菜这件一般认为需要人来发挥的事情，机器人也上阵了。过年的时候，我家的红烧牛肉就是用自动炒菜机做的，味道还不错。而炒菜机价格才不到1 000元，它可以炒100种菜。在物流领域，快递员人工费越来越贵，众多快递企业都在研究机器人送快递。在新冠肺炎疫情期间，京东的无人快递车大出风头。

过去，我们认为播音员是高度要求“人”参与的工作。而2019年3月2日，新华社和搜狗公司发布了“全球首个AI（人工智能）合成女主播”，除了嘴唇稍微有点僵硬外，其他一切都可以以假乱真。再想想看，新闻播报这个工作的确是重复性工作，迟早要被机器人取代。说不定，将来网红主播都可以用机器人主播来代替，说不定它还能做到现场直播，进行千人千面的互动呢。

未来，一切重复性的、有规律可循的工作都将被人工智能代替，或者说被算法代替。工业革命时代，机器取代了重复性工作；人工智能时代，算法开始取代创造性工作。

我们必须清醒地认识到，未来90%的工作，人工智能更加胜任。人工智能在不断进化，它们存储在云端，只会越来越强，相当于拥有不死之身。人类再天才，每一代人都必须从0到1去学习，这种进化效率当然远远比不上人工智能。怎么和人工智能相处，是时代交给我们的大命题。

重复性的工作，是人类在工业革命时代就开始解决的问题；而人工智能则开始取代人的创造性工作。想想打败全世界围棋高手的AlphaGo（阿尔法围棋），它已经选择不和人类下棋了，因为系统知道人类再也无法赢过机器了。

阿里“鹿班”AI设计师，平均1秒钟就能完成8 000张海报的设计，一天可以制作 4 000 万张，2019年双11海报的80%是由鹿班完成设计的。

2017年8月21日，《解放》（*Break Free*）作为美国当红女歌手泰琳·萨顿（Taryn Southern）新专辑的首支单曲面世。这是世界上第一张由AI制作的专辑。虽然它是由人工智能制作的，但是歌曲水平和质量丝毫不输人类。有兴趣的读者，可以自行在网上搜

“Break Free 人工智能”，听听这首歌，这首歌非常好听。

2018年10月25日，一幅由AI绘制的名为《埃德蒙·贝拉米肖像》的画作在美国纽约佳士得拍卖行以43.25万美元的价格售出。拍卖行称，这意味着人工智能艺术首次进入世界拍卖舞台。这其实是一件意义深远的事情，意味着人类开始认可人工智能创作的画作。注意，这里说的是创作，而不是对现有艺术作品的模仿。

2019年5月16日下午，微软亚洲互联网工程院在北京召开了“微软小冰人工智能创造媒体说明会”。微软小冰现场演唱了三段歌曲——《少年弦》《新贵妃醉酒》及一段日语歌曲。这三段歌曲没有任何“电子音”的感觉，现场的听众无法分辨出到底是真人还是机器人在歌唱。

通过对过往400年艺术史上236位人类画家作品的学习，微软小冰还实现了原生绘画创作能力。现在，微软小冰的绘画水平已经达到了中央美术学院研究生的水平。由微软小冰设计的第一批丝绸产品，已经被中国丝绸博物馆永久收藏。

更厉害的是，2017年微软小冰就出版了诗集《阳光失了玻璃窗》，可以依据图像的意境生成现代诗。

琴棋诗画样样全能，这样的机器人以后不做主播，谁来做主播？其实，2019年5月16日，微软亚洲互联网工程院现场分享的一张图片，已经告诉了我们真相——我们听到的部分交通广播节目的实习主持人，其实不是人，而是机器人。

没错，我们要思考的问题是：“如果90%的工作都可以用人工智能来完成，那么我们该怎么生活和工作？”

有人说：“一旦旧的工作被机器人取代，新的工作必然被创造出来。”

问题是，以机器进化的速度，有什么新的工作被创造出来，是人比机器更擅长，而不担心人被机器取代？**未来的各行各业会广泛使用机器人，因此你必须培养机器人难以替代的能力。**

什么是机器人难以替代的能力？

**一是深度思考能力。**

深度思考能力能帮你回答三类问题：

（1）根据已知，推导原因：为什么会发生这件事，而不仅仅是你认为这件事是什么？

（2）假设未知，假想可能：如果发生××事情，那么结果会有××的不同？

（3）假设冲突，坚守价值：××事情是可以认同的还是不能认同的？

前两类问题能帮一个人培养专业能力，但第三类问题在未来更重要。因为科技的进步会远远超出人类自身进化的速度，我们不得不面临大量闻所未闻的变化。对于这些变化，我们选择接受还是反对，需要一个人内心有清晰且坚定的价值观。

事实上，很多我们自认为需要坚守的价值，未来都需要接受考验。比如“人是独一无二的万物之灵”“人类是否可以爱上具有高度智能的机器人”，这些都是很基本的命题，原来只存在于科幻小说中，但是很快我们就得面对。

**二是想象力。**

爱因斯坦有句名言："逻辑会带你从A点到达B点，想象力却可以把你带到任何地方。"

人类之所以成为人类，是因为人类的想象力给我们带来了无限的可能。而且，想象力是创造力的基础。

史铁生在《务虚笔记》里说："我不认为只有我身临其境的事情才是我的经历（很多身临其境的事情早已烟消云散了，如同从未发生），我相信想象、希望、思考和迷惑也都是我的经历。梦也是一种经历，而且效果相同。常听人说'那次经历就像是一场梦'，那为什么不能说'那场梦就像是一次经历'呢？"

一旦一个人失去了想象力，他能想象到的未来场景就可能很少。如果你不能想象出未来哪些工作可以用机器取代，你就很难想象你应该如何去改变，而只会在改变"突然"到来时变得无所适从。

**三是联机力。**

既然人工智能这么强大，我们一定要学会借助人工智能解决问题，而不是习惯用人来搞定一切。

未来，我们不仅仅要会上网搜索，还要理解如何更高效地训练机器，让机器更理解我们的真实意图，给出我们更好的结果。我们要调配不同的机器，让机器为我们的生活发挥重要作用。

**四是连接力。**

大部分工作给机器人做了，人也许终于可以释放大量的时间去和人沟通，去和人连接。现在，很多孩子从小习惯虚拟数字世界里的交往，喜欢点外卖和宅居在家，缺乏人和人的直接交往，和人沟通共情的能力退化了。

但正因为如此，有连接能力的人会更擅长理解和陪伴他人，能感知别人情绪的人会在未来的人工智能世界更受欢迎。

机器人再能干，再能模仿人的思维和表情，终归不是人。作为社会性物种，人本能就渴望和真实的人交流。

如果有人反过来强化自己在这方面的能力，那么不管做什么职业，只要到了人和人交往的环节，他就会更受欢迎，更快脱颖而出。

再智能的机器，也抵不过有缺陷的人，因为人的服务有温度。

五是审美力。

阿里巴巴创始人马云在谈到教育时，总是强调要培养审美能力，这绝不是夸夸其谈，而是他在看到未来趋势后深度思考的结论。

学会审美，才能激活一个人的创造力。让教育摆脱标准答案式的学习，才能让一个人活得充满自信、元气满满。

关于未来，每个人每年都需要认真思考一次。以后的每一年，世界经历的变化会超过过去10年的改变。

对很多人而言，要思考的不是努力不努力的问题，而是首先要抛弃一种寻求确定的安全感的本能。人类社会进化几百万年，本能上一直在寻求一个稳定的生存环境，从而为后代的繁衍创造可能。

抗拒变化，害怕变化，企图通过拥有某种身份、工作或物质来获得安全感，是很多人不合时宜的惯性思维。

我要说的是，能适应未来社会的人，要彻底接纳我们已经进入的这个不确定性、偶然性和随机性越来越强的时代；聪明的人，要敢于拥抱变化，要放弃把安全感锚定在一个人、一种技能、一份工作、一个地方或一个行业的习惯上。

人类已经进入人工智能加速时代，所有的进化都会在云空间里用机器算力持续不停地被放大。在我们睡眠的时候、休息的时候和停下脚步的时候，机器都在持续不断地训练和进化。一旦超过某个临界点，某个曾经被认为人类才能解决的问题，最后机器能做得更快、更好，而且成本更低。

我们人，我们人类，怎么办？答案并不是显而易见，你我都需要思考。但我相信，唯有思考过远方的人，才更有机会拥抱未来。

# 5.2

## 父母总想规划我的路，怎么办

现在有两个词特别流行，一个叫“原生家庭”，另一个叫“巨婴”，这简直是相爱相杀的一对词。

很多人一提到人生的不如意，就埋怨父母的种种没有道理的管制，认为都是原生家庭耽误了自己。他们会说：“为什么父母总是干涉我的人生？我到底是独立的个体，还是别人生命的容器？”

听起来这些话很有道理，但是成熟的人不会问为什么父母要规划甚至干涉自己的人生，而是会问三个问题：

（1）假如我是父母，那么我会不会也这样？

（2）父母的考虑，哪些是合理的，哪些是不合理的？

（3）如果我想说服父母接受我的观点，那么我该用怎样的方式去沟通？

同时，为什么很多年轻人被认为四肢发达、头脑简单、一切以自我为中心且从不考虑别人感受的“巨婴”呢？其实，答案也很简单，他们的沟通模式是情绪沟通模式，而不是问题导向模式。

“父母总想替我做决定”，这是一个客观事实；“我很烦”，这是一种情绪表达。对于一个成年人来说，重要的不是用情绪对抗情绪，而是找到解决问题的方法。

说实话，说服父母非常不容易，两代人的人生道路截然不同，价值观和行为风格存在很大差异。有的同学想和父母做朋友，但一开口却发现完全没有共同语言，三观完全不一样了；有的父母总是对孩子习惯性地发号施令，要是孩子不服从的话，动辄冷战或讽刺挖苦；有的同学遇到问题想让父母提供帮助，但发现父母完全不能理解自己的难处是什么；有的同学抱怨自己好不容易可以很理性地处理一些事情，结果拎不清的父母却在其中帮倒忙。

这些问题不光大家有，我也遇到过。我读大学时，其实很少和父母沟通。我也不想家，觉得一个人在外面挺好的。仔细回想，我是通过上大学回避了和父母面对面的冲突。**这就是和父母相处**

**的第一种方式：逃避。**逃避可以让矛盾暂时不被激化，但是并没有解决矛盾，矛盾到了某个环境里还是会爆发。

如果爆发了矛盾，又无处逃避，**那么很多人会选择另外一个策略：对抗。**年轻人很容易对父母采取攻击性的态度来处理冲突，比如和父母大吵一场。但是，和父母争吵很难解决问题，特别是在我们处处还需要依赖父母的情况下。

有些父母对孩子从小到大的路都指手画脚，孩子也养成了听父母的话的惯性，这种情况下的孩子很容易选择**第三种沟通方式：服从。**服从就是放弃自己的立场、想法和愿望，选择牺牲自己的意志来满足父母的意愿，这种结果是“子女输了里子，父母赢了面子”，暂时解决了问题。要是父母的选择可行的话，那么子女将来会理解父母的安排。但是，要是子女将来不满意父母的选择，那么这个事情还是会让彼此不舒服的。**人生不如意的事情那么多，如果你每次都怪罪到父母干涉自己的人生选择上，那么这很容易造成彼此一生的隔阂。**

如果孩子和父母僵持不下，那么双方可能会请一个信任的人来疏解，这种情况就相当于大家共同把决定权交给了另一个权威人士（通常更有权力或威望）来掌控。**这种沟通方式就是：放弃。**其实，每个个体遇到的问题都不同，大家不在同一个城市，不在同一个行业，不在同一个年龄段，甚至可能无法相互理解。我们可以将权威人士的意见作为参考，但是不能不加判断地盲目接受，否则就跟扔硬币没什么区别了。

**其实，人和人之间正常的沟通方式是妥协。妥协不是逃避问**

**题，也不是制造对抗，而是经过沟通找到大家都可以接受的方案。**一般而言，经过妥协得到的方案未必是最理想的，但往往是最可行的。和父母的沟通，我觉得比较好的结果就是父母能听你讲道理，帮你分析利弊，最后大家找到解决问题的方案。

**当然，还有更好的结果，就是一起想出创造性的方案，达成“双赢”。**有一个姑娘问我，她现在在国外读研，最后一年基本是实习，考虑到以后想回国在上海发展，她瞄准了上海的实习岗位，但是又想最后一年多陪陪父母，怎么办？我的答案就是：“你完全可以在上海租一个房子，让父母过来住，顺便在上海周边玩一玩；你白天实习，晚上还可以和父母一起享受天伦之乐，这不是很好的双赢解决方案吗？”

但是，妥协和双赢是理想的情况。更真实的情况是，父母和孩子在沟通时往往都带着情绪，而不是基于理性。人和人处于情绪中的时候，其沟通的结果很容易走向对抗，而对抗的结果往往是意志力弱的一方服从意志力强的一方。

这样看来，子女和父母发生冲突时存在逃避、对抗、服从、放弃、妥协、双赢六种沟通方式。我觉得在不同的环境下，这六种方式其实都是可以采取的。比如，有时候和父母实在没有办法说通道理，你又想走自己的路，你就先逃避，让父母眼不见心不烦。只要你抓紧时间努力做出一番成绩，父母很可能会因为你做得不错而改变态度。

不到万不得已，你不要用对抗的方式。但是，你也不要一味地逃避和妥协，那样你即使牺牲了自己的意志，也未必换得来安宁。

我的建议是，下次你在和父母沟通前，先从六种沟通方式出发问问自己：

（1）逃避的方式是什么，可行吗？

（2）对抗的方式有赢家吗？

（3）服从的方式明智吗？

（4）放弃的方式有可靠的权威吗？

（5）妥协的方式有哪些事情可以互相让步？

（6）我有什么双赢的好点子吗？

这六种沟通方式，不仅仅是你与父母之间，也是你与同学、恋人、老师之间，以及你与未来的职场同事、领导之间都可以借鉴的沟通方式。

其实，这六种沟通方式都需要在和人沟通时不断加以练习。换个角度来看，和父母的冲突也是你沟通练习中风险最小的一种。

虽然父母未必能理解你，但是由于他们对孩子那份深深的爱，他们最后总是会包容你的选择甚至任性。

# 5.3

## 在国内读研还是出国留学

如今的大学生比过去的任何一代人都拥有更多的选择。在我读本科的时候，同学们要么去找工作，要么考研究生，出国留学的简直是凤毛麟角。今天，随着研究生的扩招，越来越多的人选择读研。同时，留学已经成为一个非常普遍的选项，因为有能力承担孩子出国费用的家庭多了，可供选择的留学国家和高校也多了。

选择国内读研还是出国留学，你还得结合自己的人生规划、家庭背景来做决定。

在国内读研的好处是显而易见的：第一，经济上的压力要小很多，开销与出国留学的花费不在一个数量级上；第二，生活饮食上更适应，特别是虽然很多高校有多个校区，但研究生一般会被安排在市中心的老校区，生活很便利；第三，有助于积累国内的人脉，跟着老师做课题、做研究，能接触到很多人，而且同系或同门学长都是将来走向社会的潜在人脉；第四，有助于在读研城市寻找实习机会和工作机会，有利于提前适应社会。

出国留学受到大学生的青睐，除了国外大学可能在某些专业领域拥有更高的学术水准，更适合自己深造之外，出国留学还对自身的修炼大有裨益，正如《如何在大学里脱颖而出》这本书所讲："当身处国外时，你才会真正地体验和理解另一种文化，这可能会改变你的一生。这种全球性视野会融入你生活的方方面面，从你读书的方法到你成就事业的方式。你也很可能学会第二语言，为你的简历增添光彩，给未来提供一项不错的技能。更为重要的是，出国可以使你成为一个更风趣、更全面的人。"

每个人具体的情况不一样，家庭环境也不一样，适合别人的选择不一定适合你。重要的是，在遇到这样的重大抉择时，我们需要好的思维框架来帮我们一步一步明确问题，帮我们做出好的选择。

我推荐大家用SWOT工具来梳理。SWOT是strengths（优势）、weaknesses（劣势）、opportunities（机会）、threats（威胁）四个单词的缩写，原来是用于分析企业市场竞争战略的一个工具，但我们完全可以把这个工具用于个人路径选择上，毕竟出国留学还是留在国内读研，对个人人生发展而言是非常大的事情。

我以出国留学为例，看看如何利用SWOT工具进行分析。

我们可以将优势和劣势细化为一组客观的对比项。客观项最好要有比较明确的标准，比如达到什么标准叫优势，在什么情况下算劣势。

关于出国留学，你得考虑：

- 家庭资金：你的家庭是否能承担你海外留学每年所需的学费和生活费（如果家里根本无法承担，你就完全不用考虑出国留学，等以后自己赚到钱了再去圆梦）？
- 大学成绩：你的成绩是否达到就读国外对应高校的标准？如果成绩不够，你就抓紧努力或者调整目标高校，让你的成绩达到要求（注意，GPA换算有不同的标准，尽量选择有利于自己的一种）。
- 社会实践：你是否拥有专业论文、导师推荐、学术交流、学校荣誉、社会实习等加分项？其实，拥有这些不难，你完全可以将这些变成行动目标，提前准备和努力。

- 外语水平：你的雅思、托福、GRE（美国研究生入学考试）、GMAT（经企管理研究生入学考试）等标准化考试成绩是否达到国外高校录取门槛？你是否需要掌握当地国语言？这些也是可以通过个人努力去提升的。

我们会发现，优劣势对比项（S和W）更像是一票否决项，如果它们达不到某几个值，那么我们的目标根本实现不了。

机会和威胁（O和T）是我们可以考虑的一些变动因素，可能使得我们出国留学有更多回报或更多风险。接下来，我们把这些变动因素逐项列出来，然后写出对你的影响，看看它们是加分项（机会）还是减分项（威胁）。

- 个性因素：你是一时兴起还是下了重大决心？你是一个自律的人还是一个容易管不住自己的人？你是想提升专业知识还是体验生活？
- 学校因素：申请竞争压力大不大？目标学校是否有一些好的国际合作交流项目（联合办学、2+2，2+1+1、交换生等）？你有没有机会获得公费留学机会（比如教育部的留学基金，学校或社会组织的奖学金）？备考标准化考试的时间是否和你的学习有冲突？你能否申请到目标学校的奖学金？
- 专业因素：国外高校是否有特别好的专业适合你就读？国外高校所在城市的就业机会多不多？你想选择的专业方向在国

外还是国内应用前景更广阔？

- 学习因素：你是否能适应国外的研究生学习模式？你是否对国外高校学习强度有过了解或体验？
- 国际因素：目前，你打算留学的国家对中国学生是否欢迎？留学国家是否限制留学生融入当地社会，比如是否允许留学期间打工或实习？
- 学时因素：国外研究生文凭有的一年就可以拿下来，比国内平均的2～3年要节省时间，这也是很多人选择留学的原因。你只要在规定时间内达到了毕业要求，就可以提前毕业，等于花钱买了时间。
- 就业因素：出国读书是否不利于回国找工作？你是否评估过留学回国在薪酬方面有无竞争力（提醒：在大部分情况下，留学并不能大幅度提升你的薪酬水平）？
- 社会因素：出国留学是否有利于积累自己在社会或专业圈的人脉？
- 移民因素：你是否考虑将来留在当地工作和定居？
- 家庭因素：出国后，家里的父母是否会缺少陪伴？父母的年纪和身体如何，是否需要孩子在身边照顾？你是否是独生子女，有没有兄弟姐妹可以分担照顾父母的责任？
- 感情因素：你是否有谈婚论嫁的感情需要平衡？你是否做好了异国异地恋的准备？
- 身体因素：你是否适应所在国家的气候和餐饮？你的身体和心理是否足够健康，而不会生病？你会不会过于敏感而让自己纠结或抑郁？

我们把所有能想到的影响因素罗列出来，把相同的问题分类，然后看看哪些因素是加分项，哪些问题是减分项。看看这些加分项是否能让我们的出国留学更有可行性。

这样一梳理，让我们觉得难以想清楚的很多问题就开始变得清晰起来，也就可以帮助我们更有效思考。这就是一种结构化思考的能力。

掌握SWOT工具，其实需要练习。我给大家几点建议：

（1）先去搜索和了解SWOT工具的概念和用法。

（2）把你能想到的、能搜到的影响自己判断的因素一条一条写下来。

（3）把这些因素按优势、劣势、机会、威胁分门别类整理好。

（4）赋予不同的因素不同的权重，然后开始打分，得出理性的判断。

在开始把自己的想法写下来并进行结构化分类的时候，我们就会发现自己不会再陷入迷茫和纠结，而是开始在事实的基础上进行有质量的思考并得出合理的判断。

当然，即便你清楚了所有你能了解的情况，你依然会因面对不可预知的风险而感觉到压力，从而无法果断做出决定，这种情况非常正常。

但是，如果你有这样一份详尽的自我分析，再去请教老师、同学或留学顾问，别人就很容易为你做出专业的判断，很多时候的确是“当局者迷，旁观者清”。

不仅可以在出国留学这件事上用SWOT工具做判断，在国内读研、第二专业和工作方向等很多事情上，我们都可以借助这个模型去帮自己厘清思路。如果你有这样的问题，那么我欢迎你试试。

最后，我还是想提醒一下，国内读研也好，出国深造也罢，你尤其要考虑家庭的承受能力。**教育不是投资，我们很难用投资回报率的方式来计算教育投入是否值得。**

花了几百万元留学但回来后赚几千元月薪的例子比比皆是，研究生毕业找不到工作的故事也很常见，但这并不能否定教育对一个人全面熏陶的价值。

父母总是想把最好的教育给孩子。但在你18岁那一天，父母对你的抚养义务就已经完成了，他们没有义务继续为你的梦想买单。你在做选择时，务必站在父母的角度多替他们想一想。

# 5.4

## 如何选择一个好的读研学校和方向

有些学生不想考研，但家长建议他们考。所以，有学生问我当年为什么要考研，为什么要考母校（武汉科技大学）。

我之所以考研，其实是因为我担心本科毕业后找不到好工作，再加上家里人的鼓励，我便走上了考研之路，同时想通过读研究生来提升一下竞争力。当时，我其实是在逃避现实，只不过没有想到在读研时遇到了好导师，他对我的成长影响深远。

我之所以选择报考母校，是因为我当时专业成绩一般，考母校被录取的把握比较大。考母校的研究生有三个好处：一是本校复习方便，成本低；二是比较容易了解相关专业和导师的具体情况；三是复习专业课更有针对性。

其实，我考研的决策逻辑和今天大家读研面临的情况差不多。现在的本科生就业压力不小，很多同学希望通过读研提高自身的竞争力，也有一部分同学希望通过考研进一步在专业上深造。现在高校都非常鼓励本科生考研，很多学校考研率高达70%以上，而且还推出了很好的保研政策。

有研究生文凭是否就一定能找到好工作？不一定。

在很多工作岗位，研究生学历不能说明什么，反而实践的经历更有说服力。比如电子商务、新媒体运营这些岗位，企业更看重实践经验。淘宝一哥李佳琦带货能力一流，也不是读书读出来的，还是要实践。

但是，很多工作需要积累大量的理论知识，需要建立完善的知识体系，读研就成了必选项。比如数学、物理、化学这样的基础学科，材料、能源这样的应用学科，仅仅靠本科的知识储备是远远不够的，读研深造是一个很好的选择。

还有的同学有名校情结或者不喜欢自己现在的专业，选择考研院校时往往非常大胆：要么报考难度非常大的院校，要么选择跨度非常大的专业。做出这样的选择是有很大风险的。

当然，名校研究生至少能获得四个方面的好处：第一，拥有名校研究生文凭的人在社会上更受认可，就业有优势；第二，名校往往汇集很多名师，也意味着你将来有更大概率接触到新课题以及好的研究方向；第三，你可能会认识更多有能量的校友，进入社会后你或许能得到他们的关照；第四，名校会有更多增长见识的机会。

普通院校的研究生教育在整体上肯定无法和名校竞争，但在某个细分专业上也许不比名校逊色，某些研究领域的导师也许比名校的普通导师更有影响力。

选择合适的专业和导师比盲目进入名校更重要，毕竟在研究生阶段，你和老师的互动会比本科时更多、更深入。名校老师虽然有名，但带的学生多了，社会活动多了，能否分配足够时间指点你就不好说了。

不管是名校（名气大）还是非名校（特色专业好），只要是好专业好导师，你在报考研究生时的竞争压力都很大。

假如你不怕冒风险，内心可能更渴望挑战，想要选择名校或难考的专业，甚至跨专业报考，那么你先不要考虑考不考得上，而应该想想如何做才可以提升考上的概率，全力以赴去复习才是正解。

其实，我们要围绕考研做一系列判断，而且不是进行一个单点问题的判断，这的确是大学生都要面临的判断。一个大学生，一下子面临考研这样的复杂判断，是很难轻易做出正确选择的。以后，我们的人生路上其实还有可能遇到类似的问题，我们应该怎样去解决呢？

我给大家三个建议。

第一，把复杂的问题分解为一系列简单的问题。

对于我们一下子很难想清楚的问题，最好的方法是把它变成一系列相对简单的小问题，这样我们就很容易解决。

怎样把复杂问题变成一系列小问题呢？我们可以把所有想到的问题都写出来，然后按照时间线区分我们应该先做什么才能开始思考下一个问题。这样我们就能得到如下的问题集（记住，一开始，我们不需要答案，只需要归纳自己要思考哪些问题，避免让自己陷入细节）。

（1）你想做什么工作？你的工作对学历要求高吗？

（2）是选择考研还是选择就业？读研经济压力大吗？

（3）是争取保研还是考研？

（4）是读学硕还是专硕？

（5）是继续在本专业深造还是跨考其他专业？

（6）是继续读本校还是读外校？

（7）是报知名导师的研究生还是选择普通导师的研究生？

（8）报考学校有对研究生的助学金或奖学金计划吗？有的话，怎么获取？

（9）什么时候复习，要不要报考研辅导班？

第二，搜集判断问题需要的背景信息。

我们可以把考研需要搜集的信息整理成一张表，往里面填充事实信息，如表5-1所示。记住在搜集事实信息的时候，我们不需要在里面做出判断，比如我要不要选这个学校。我们只需要搜集关于这些背景信息的客观事实，方便我们进一步判断。

**表5-1 考研方向风险评估表**

| 考虑因素 | 评估方向 |
| --- | --- |
| 学校知名度 | 名校竞争多 |
| 专业知名度 | 好专业竞争多 |
| 导师知名度 | 报名好导师的考生也多，有无提前联系导师 |
| 保研要求或研究生扶持项目 | 各个学校都有相应的政策，研究生支教团、西部计划也有免费读研名额 |
| 有无高校夏令营 | 提前选拔有意向报读本校研究生的学生 |
| 报考要求 | 有的专业对报考有特别的要求 |
| 地理位置 | 发达地区或区域中心的学校的竞争压力大 |
| 招生指标 | 指标还要看硕士方向，是专硕还是学硕 |
| 近年录取分数线 | 分数线高的难度大 |
| 近年报考录取比 | 报考人数多的竞争压力大 |
| 近年外校学生录取比 | 大部分学校同等条件优先录取本校学生 |
| 专业课目录 | 和你的专业课是否匹配 |
| 专业课教材 | 和你的专业课教材是否匹配 |
| 专业课有无讲义或辅导 | 是否要住校接受培训 |
| 面试淘汰率 | 通过了研究生笔试，还有面试，有的学校面试淘汰率很高 |
| 学费和奖学金政策 | 了解一下就读研究生的成本 |

第三，结合事实，逐个回答要判断的问题。

在这个过程中，你如果发现有遗漏的问题，就去完善你的问题库，并把新问题放在合适的位置。你如果发现自己缺乏信息做判断，就请继续搜集信息，从而帮助自己做判断。

另外，我在这一节教会大家的SWOT工具也可以用于帮助我们更快做决策。

重要的是，通过这样的分析，我们掌握了做复杂决策的方法。不管你最终做出怎样的决策，你都开始体会到“我的人生我做主”的快乐，而不是在压力下陷入茫然，四处求助却依然忐忑不安。

# 5.5

## 当公务员，你会得到什么，又会失去什么

每年国考期间，媒体上都会出现这样的新闻标题：

- 《××年度国考报考人数过百万，最热职位竞争比1 270∶1》
- 《没过别难受，还有机会！ ××省国考调剂职位63个，调剂128人》
- 《96.5万人参加××年度国考笔试，平均40人竞争1岗》

在写书的时候，我去百度指数搜了一下，果然是城里的人想

出去，城外的人想进去，“考公务员”和“公务员辞职”的热度都高居不下，如图5-1所示。

为什么那么多年轻人愿意去考公务员呢？在很大程度上，考生的父母在其中发挥了重要的作用，他们主要考量三点。

一是安全感。中国父母希望孩子稳定，不折腾。父母这一代人，经历了改革开放的跌宕浪潮，经历了下岗潮、下海潮、股市的大起大落，尤为看重“稳定”带来的安全感。也有很多人到企业工作以后发现，企业的压力大、节奏快，随时都可能被新人淘汰，因为他们向往稳定的体制内工作。现在公务员的收入不一定高，但是非常稳定，五险一金都足额按时缴纳，不会因为经济的起伏而发生剧烈变化。职务与职级改革以后，基层公务员的待遇也得到了提升。大部分单位都有自己的食堂，虽然味道不好说有多可口，但干净、卫生、有保障。

二是工作环境。这里不是说机关单位的办公条件有多好，而是整体来说，公务员“逢进必考”的要求保证了整体队伍的综合素质。公务员有着完整的培训体系，新晋公务员有初任班，不同系统有自己的业务培训，不同级别也会定期举办培训，各地组织部和党校也会自主开发一些公务员素质课程，如心理调适、公文写作、党务知识、最新政策解读等，帮助公务员成长。公务员的工作有很强的规范性，强调“制度管人”，就连公文的文字应该采用什么字体、字号都有规定，收文、办文有流程，办会、办事有规矩，对年轻人是很好的职业训练。

三是人生抱负。中国素有“学而优则仕”的传统，很多人把

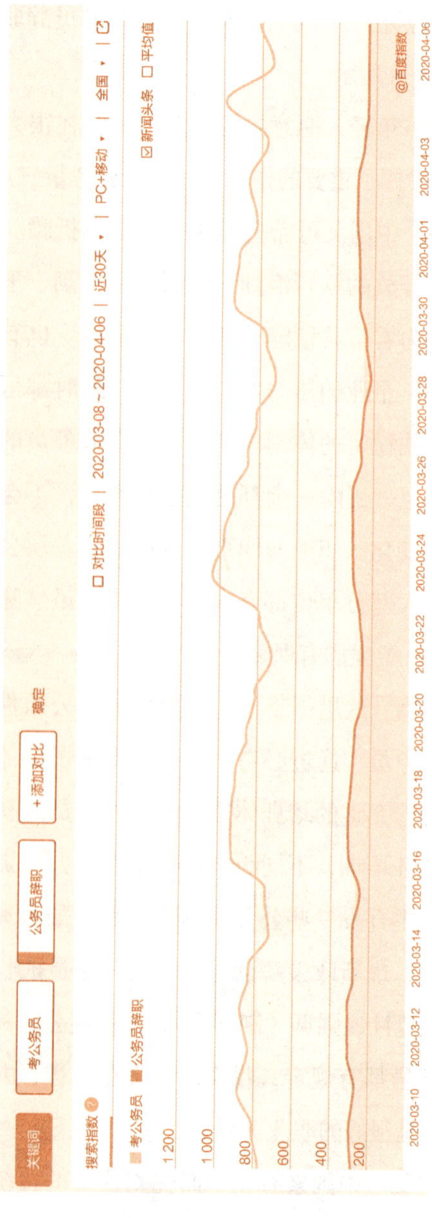


图5-1 “考公务员”和“公务员辞职”搜索指数

致仕从政看作实现人生理想的重要路径。其实，统计数据显示，只有6%的人能够升到处级以上岗位，大部分公务员都是在基层或者一线岗位兢兢业业工作一辈子，和大家想象中的“权力”并没有关系。如果你是为了“当官”而进入公务员队伍的话，那么你很可能要失望了。不过，话又说回来，即使是一个普通科员，只要自己肯学、肯干，就可以成长为业务骨干，从而很好地发挥“辅政”作用。所有重要政策的出台，都是从一个个经办人的案头上出发的，经历层层论证，最后落到实处。对于有抱负的年轻人来说，看到自己对社会民生的思考能够变为现实，这份成就感是巨大的，也会激励他们继续前行。

与“公务员热”相对应的是“公务员辞职”现象。我国很多地方从追求安稳的温饱发展阶段，进入了追求个性化发展的中等发达阶段。在这个发展阶段，年轻人更希望选择自己想过的生活，做自己想做的工作，实现自己的价值，而不是为了安稳，把自己的未来固化。

**公务员这个职业可能是所有职业中最强调政治性、纪律性和集体主义的。**这是由它的职业特点决定的——如果由纳税人养着的公务员不认同国家体制，自由散漫，个人主义至上，那么这不是很可怕吗？所以，在选择这份职业时，你一定要充分考虑自己的性格特点。

你能做到严格遵守行政指令吗？你能克制自己的个性，遵守规矩吗？你认同科层制管理的逻辑吗？对于“党员先上”的命令，你能接受和服从吗？你能随时响应加班吗？你能耐心地向群众解答政策吗？你能接受向组织汇报你的个人事项，接受纪律和社会的监督吗？如果答案是否定的，那么我建议你不要做公务员。一个对制度不认可的人，哪怕侥幸考了进去，自己的心理也会很不愉快的。

如果你觉得自己就想找个“铁饭碗”，那么这里我要提醒你一下。现在很多公务员的工作其实是各种政府审批的柜台流程响应，随着技术进步和制度改革，很多地方已经用大数据手段推行“最多跑一次”的审批流程简化，大部分内容在线上完成，对一线人力的占用越来越少。这意味着，技术进步会大量取代现有的低技术含量的公务员工作岗位。

如果我们认为这是未来的趋势，那么很多人现在选择公务员工作，就得做好心理准备：有一天也许国家会考虑缩小公务员队伍规模，万一你面临被裁员的局面，你是否有能力适应离开体制保障的生活？

2019年年初，唐山收费站被取缔，一批工作人员被迫下岗。一个女收费员哭诉：“我今年36岁了，我把青春都交给了收费站，现在啥也不会，也学不了什么东西了。”虽然这位收费员不是公务员，但这条新闻应该让所有体制内的人都警醒：必须要有本领恐慌，必须常怀学习意识。

因为体制为公务员提供了非常好的基础保障，所以很多人会满足于现有的岗位要求，对自己提不出更高的要求，时间长了，真的会成为温水里的青蛙，想跳出来都没有力气了。这就是做公务员的一个隐形成本，我们会失去应对未来重大变化的能力。

不管做什么工作，我们都要有独立谋生的能力，都要有转型的实力。近几年，辞职的公务员越来越多。很多人经过一段时间的磨合，发现自己并不适合这份职业，或者发现自己可以在体制外获取更高的薪水，选择勇敢转身下海。以后，公务员辞职只会越来越平常，这是正常的职业转换。所以，**不要以为考上公务员就拥有铁饭碗了，你要时刻保持学习和进步之心。**

我们要清楚，任何职业都没有完美的选择，只有适合自己的选择。公务员工作只是万千职业中的一个，和其他任何一个靠劳动获得回报的工作一样，都值得人们尊重。如果你对公共事务感兴趣，愿意遵守公务员的职业规范和伦理，愿意做一名“人民的勤务兵”，那么我当然鼓励大家去报考公务员。

对选择公务员工作的同学，我有几点小建议：

**（1）不要觉得自己是去做官的。**公务员的英文翻译是civil servant（人民的服务员），任何时候任何国家的公务员都应该记住“为人民服务”这句话。

**（2）从一开始就别把公务员当铁饭碗。**你不管做什么部门的公务员，都要考虑一下，是否有离开体制独立谋生的能力。每年都应该逼自己学一样新技能，在工作中应用它。

**（3）用专业主义的精神去对待公务员工作。**千万不要低估做一名公务员的专业性和挑战性，哪怕是简单的文秘工作，都有大量的学问。机关里的写材料、做汇报、办事情能力，同样是很多大企业集团所需要的。如果你想了解公务员的文秘工作要求是怎样的，那么我推荐你阅读《秘书工作手记》，作者叫“像玉的石头”，里面有很多机关工作心法。你读了后会发现，任何事情要想做好，真的一点都不简单。

## 5.6

## 我是该努力争取大公司还是选择小公司

网上很多毕业生问我：“我该去大公司还是选择小公司？”

这样的问题，在我看来，其实是一个伪问题，别人想帮你都很难。

首先，我们得定义一下，什么公司叫大公司，什么公司叫小公司。不同规模的公司，其管理水平和发展路径真的区别很大；否则，你谈的公司大和小，与别人理解的公司大小完全不一样。

其次，这个问题成立的前提是，有一家大公司要录取你，还有一个小公司也欢迎你。可是，大部分人的问题是，有没有单位选你，而不是你选怎样的单位！

最后，这个问题还有一个隐含假设，即一定有一个最好的答案、最准的答案和最正确的答案，因此自己做出对的选择就好。真相可能是，两个选择都有利有弊。做任何一个选择都只是开启了一条路径，最终我们的选择是否明智，一方面需要我们自己持续不断地努力，另一方面也需要公司有好的发展。

比方说，如果现在回到2010年，你是选择华为，还是选择小米？当时，小米刚刚创业，没有人知道它能否成功，而华为已经是行业巨头，发展迅猛。但是，当时你不管选择华为还是小米，都有可能获得很好的发展，也都有可能发展得不顺利。

所以，我认为，大学生进入大公司发展好还是小公司发展好，其实是一个概率问题，或者说有运气的成分。

不如让我们一起看看，在大公司发展和小公司发展有什么不同。

**（1）大公司看重学历背景，小公司更看重实际能力。**

大公司因为已经有比较成熟的人力系统，所以会对毕业生的表现进行评估，和某些院校形成稳定的招募关系。大公司对学历的看重，有点像是买家的回购——之前买过这个牌子，感觉不错，继续支持。小公司在抢夺名校人才方面相比大公司没有优势，因此会更关注花同样的薪酬如何招到更能干的人，但小公司往往也因为公司缺乏知名度，很难吸引特别优秀的人才加入。

当然，如果你没有名校背景，那么这不代表你一定会被大公司拒之门外。一个能证明自己实力的求职者，只要努力抓住各种机会，还是能进入大公司的，只是相对来说录用率更低一点。

**（2）大公司按岗位付酬，小公司为能力定价。**

大公司的薪酬制度相对固化，每个岗位具体负责什么内容也是提前规划好的。因此，大公司要找的是能胜任岗位要求的人。如果你很优秀但是不匹配这个岗位，那么大公司也不会选你。

如果你的能力很强，远远超出岗位的要求，那么大公司也不会给你开出更高的工资，甚至根本不会录用你。因为根据科斯定律，在不考虑交易成本的情况下，每个商品（人才也是一种商品）最后会流动到出价最高的人那里。对于公司来说，与其录用一个不能久留的人，不如录用一个真正适合这个岗位的人。

在小公司，能够创造业绩是第一位的。小公司对岗位的定位不会那么明确，鼓励能者多劳，往往需要一个人干好几个人的工作。如果你的能力能够胜任好几个岗位，那么你会很受小公司欢迎。很多小公司老板都希望雇一个能以一顶三的员工，并且只给两个人的工资。

如果你希望工作和生活分开，那么大公司是更好的选择。如果你想体验极限的人生，那么很多小公司能满足你的愿望。

**（3）大公司用制度管人，小公司灵活机动性强。**

公司规模一大，就会面临严格的法律监管，不能任性。因此，大公司会制定严格的企业管理制度，按部就班成长的人会更适应大公司的管理模式。

在了解一个大公司时，我们更多会去查看它的企业文化、部门设置和岗位职责。大公司也会做一些匹配度测试，保证招到的人是三观契合的。

在中国，中小企业的平均生存时间只有三年。选择一个小公司的时候，你可能更关注的是行业发展空间（新兴行业的公司发展空间不可能很大）。小公司每天都要琢磨怎样活下来，节奏很快，随时会随着市场情况变化而调整。

在小公司里，不一定有人带你，更多的情况是你边工作边成长。能跟小公司一起野蛮生长的人，往往在谈判、销售、执行上更有狠劲，比大公司的人更有韧性。

**（4）大公司有培训体系，小公司要跟对领导。**

大公司一般都有规范的培训体系，对新员工有职业成长方案，甚至有职业发展规划指导。大公司会用业绩考核指标去倒逼一个员工成长，而不依赖人际关系。当然，在大公司，如果你的领导也是很好的职业导师，那么你的运气极佳。

但在小公司，一个人的发展更多取决于你遇到怎样的领导。有的领导愿意带人，也会带人，就能让员工积累很好的职业素养，学到专业的职业技能。手把手带新人，能让新员工得到更好的发展。但更多的情况是，领导自己也忙碌不堪，根本没有时间管你，你更多要靠自己。

在去一家公司之前，我们其实很难有机会了解领导的人品——是否愿意带新人以及是否给新人发挥的机会。所以，在某种意义上，不管去大公司还是去小公司，我们都要靠运气。

**（5）不管公司大小，都可能只是你职业生涯的一站。**

如果你从事的工作是传统行业，有一些行业地位的公司能够在几十场商战中生存下来，必然有其核心能力，那么这样的公司适合求稳的你。

但你一定要明白，人不太可能一辈子都在一个公司里工作，像日本和韩国那种在一个公司工作一辈子的时代已经结束了。即便我们想留在一家公司，公司也不一定能生存那么久。

选择小公司也不一定风险高，因为行业还在，自己在小公司积攒的经验也在，即使公司倒闭了，只要行业还在，自己也可以继续在新公司里生存。

未来的职业，一定是流动的。

知道了这一点之后，我们就不要为“大”和“小”发愁了，而应该去问自己：未来，怎样的行业发展更有前景？怎样的工作岗位更不容易被机器人替代？怎样的人更容易取得成功？然后，我们去找到这些行业的特点，这些岗位的要求，以及这类人的能力标杆，一点一点去做一个十年努力计划。

不要把自己的成功寄托在做对一次很“重要”的选择上。

**与其选择公司，不如先学会把自己活成一个投资公司。**

# 5.7

## 求职季：请记住这21个写简历的建议

每年毕业季，各家公司都会收到很多简历。我在网上常常看到人事经理吐槽说：“一天要看不下200份简历，可是能找到的合适的人不到5个……”

简历是你发给企业的名片，如果你自己都不认真对待，那么企业也不会给你机会。**虽然每个高校都有老师教大家写简历，但针对以下简历检查建议，我还是希望大学生能记好。**

（1）请不要第一时间去复制同学或网上的简历模板。

（2）在写简历之前，请务必认真研究企业的岗位要求。

（3）简历不要超过两页，最好控制在一页纸内。没有多少人事经理有耐心研究一个新人的简历。

（4）简历上应该有一张你的一寸形象照，记得保持微笑。现在很多专业的证件照相馆，提供拍照服装、化妆和精修服务，虽然收费贵一点，但是质量可靠。

（5）不同的岗位要写不同的简历，不要千篇一律。

（6）重点不是你有多么优秀，而是为什么你能胜任这个岗位。其实，企业需要的是高匹配人才，而不是最好的人才。

（7）别用花里胡哨的排版，简历排版的要求其实很简单：要一眼能看到重点，比如加粗你的学校或专业。

（8）试试用倒叙介绍自己，把你最有竞争力的内容放在最前面。

（9）学会用数字强调你的能力，比如“曾担任销售助理，7天成功销售出500份课程，成为当期的销售明星”。对于亮点部分，你可以大胆加粗。

（10）没有相关工作经验，不等于没有工作潜力。想一想你有哪些能力或特质能证明你可以做好这份工作？把它们写清楚。

（11）与其拿出一堆莫名其妙的实习经历证明你的工作能力，不如拿出你的优秀论文、课程设计、毕业设计作品或图纸，告诉企业你是如何思考和解决问题的。

（12）请言简意赅地列举事实，而不是自我评价。

（13）把岗位要求的必备技能（比如熟练掌握Office或某种CAD制图软件）先写上。如果你不会，那么你可以马上去学，一周就能入门。给自己一个月时间，你会发现你能学到很多实用的技能。

（14）不要写错别字，特别是很低级的错别字。

（15）把写好的简历发到主流求职网站上，并坚持每天刷一遍，每周更新一次内容。

（16）千万别发出一封名称或附件叫“简历”的邮件，主动把邮件标题和文档名称改为“姓名－大学－专业－应聘职位”。

（17）发邮件前，请检查一下邮件的标题、正文、称呼、落款、附件命名、附件格式、邮件回执等细节是否有误。还有，你是否有一个看起来比较正式的邮箱名。

（18）如果你是应聘设计类或文字类岗位，那么你可以把自己的作品做成一个PDF（便携式文档格式）作品集，放在附件里证明自己的实力。你也可以将获奖证书这样参考处理。

（19）如果担心不同电脑上的排版会不一样，那么你可以附上PDF版本。

（20）越早准备简历越好，不要到大四才开始准备你的简历。

（21）如果简历没有得到回音，那么你要做的是调整简历，再投一次。

# 5.8

## 做好这12个细节，面试过关没问题

如果你接到面试通知，那么我恭喜你，这说明你闯过了第一关，可以和面试官直接面对面交流了！那么，在面试阶段，如何给面试官留下好的印象呢？

（1）穿对衣服，化对妆。提前了解一下企业文化，看看怎样穿更得体。如果你不确定，那么穿职业正装是最安全的。

（2）提前去理发，出门前记得照一下镜子，擦一下眼镜和皮鞋。

（3）看着别人的时候，如何保持自信的微笑？你可以对着镜子多练习几遍。

（4）准备好所有可能用得上的资料和证件，不管是纸质的、电子的还是彩色的，有备无患。

（5）大部分面试官要问的问题是可以预测的，因此你可以提前准备好回应方案，重要的是要反复模拟练习。

- 请用30秒或1分钟介绍自己。
- 你能介绍一下自己最得意的事情吗？
- 你最大的优点是什么？请举例说明。
- 你最大的缺点是什么？请举例说明。
- 你有团队合作精神吗？请举例说明。

- 你如何看待这个行业？
- 你对我们公司或这个岗位有什么了解吗？
- 你能胜任需要加班或出差的工作吗？
- 你未来三年的职业规划是怎样的？
- 你还有什么问题要问我们的吗？

（6）把所有问题的答案手写一遍，然后大声读十遍！记忆效果会非常好。

（7）每天坚持阅读与你要应聘的企业或行业相关的新闻或信息（包括论坛、博客、微信公众号）一个小时，培养自己对行业的认知。

（8）一定要花点时间研究交通路线，别因为遇到上班高峰期堵车而迟到。

（9）记得先主动向面试官问好，然后说出你是谁。

（10）如果发现面试官没有注意到你的亮点，那么你要主动说出，比如“我有驾照”“我会新媒体运营”……

（11）做好视频面试的准备，顺便记得去搜一下“微信聊天礼仪”。

（12）面试结束以后，别忘了给面试官回个短信或发个邮件，感谢他给你这个机会。这样一个小小的动作，也许就是你获得offer的临门一脚。

# 5.9

## 从校园人到职场人，我送你四个锦囊

我带着很多大学生一起开了一家创业公司。有一次，公司给新来的实习生开会，我提出了两个问题：什么是职场人？学生的积极主动和职场人的积极主动，有什么不同？

我送给公司的实习生四个锦囊，我相信大家理解了这四点，以后不管是去实习还是入职试用，都会更加顺利。

### 1. 校园人是成长导向的，职场人是目标导向的

你如果是一个职场人，就会思考你的工作任务是什么，考核目标是什么，以及考核目标和公司经营目标有何关系。

职场人会把这些问题想清楚，进而思考自己在日常工作中如何创造价值，如何为公司的业绩增长做有实质性意义的贡献，这才是职场人的思维模式。

如果你是一个校园人，那么你到单位实习后，可能想的是你能学到什么，有没有人带你，以及你做的工作有没有回报。

校园人往往期待的是，在这里成长快不快，有没有人带，能不能学到新技能，工作环境好不好。

校园人如果觉得自己一直做重复性工作，就会认为自己学不到东西，进而感觉这份工作缺乏成长空间，就想离开，换一个能学更多技能的单位去工作。

这一点往往让用人单位很无奈，职场中不管是什么级别的岗位，都有大量重复的工作，都需要我们耐心细致才能做好。

校园人都以为，厉害人物是天天惊心动魄地解决大麻烦的。

只有职场人才知道，真正厉害的是把简单的事情一遍遍做好。

## 2. 校园人习惯被动听指示，职场人要主动做规划

一个合格的职场人，不能满足于被动听工作安排。把领导交办的事情做好，就认为自己做得不错，这是校园人的习惯——什么都要听老师的安排。

如果你是一个合格的职场人，每到周末（月底）你就要复盘上一周（月）的工作，思考下一周（月）的工作安排，还要主动了解公司对未来的安排，进而调整自己的工作目标，努力推进完成。

在这个过程中，你要思考自己需要哪些资源支持，而不是自己一个人如何去努力，因为职场不需要个人英雄主义。所谓的资源包括办公场地、团队人员（全职+兼职+外包组合）、软件硬件、激励政策。

如果你发现现有资源的限制很大，那么你能否提出创造性方案去突破限制呢？其实，这往往是一个职场人最大的价值。

校园人不知道工作要规划，也不知道如何规划工作，更不知道如何在工作规划中证明自己的价值。很多校园人甚至习惯于把实习单位中上级和领导的要求当作培训和学习，没有意识到要马上落实工作指示并及时反馈工作进展。如果像学校一样，你继续

只管做你的事情，不去落实公司和领导的要求，你就很容易受到企业管理者的批评。

### 3. 校园人计算自己的收入，职场人计算自己创造的价值

校园人在实习或试用期间，更多计算的是自己一天赚多少钱，这里工作划算不划算，以及哪里可以给更高的薪水，甚至觉得这里实习工资低，要换工资高的单位。

职场人往往明白在公司做事，就要为公司创造价值。如果大家没有做创造价值的事情，公司就没有现金流。如果人人都不创造价值，公司就要关门倒闭。要想在公司赚更多的钱，你一定要创造更大的价值。

### 4. 校园人按自身进步定义质量，职场人按行业标准定义质量

校园人在刚进入职场时，并不清楚整个行业员工的能力水平、薪酬水平，都有一个自视过高的阶段，以为别人做的工作不过如此，自己随便弄弄就不比别人差。

校园人往往以为，只要工作完成了，工作质量就差不多。他们还没有能力分辨出彼此工作质量的差距到底在哪里，不知道缩短这些差距到底需要付出多少努力。

如果一个校园人进入职场，身边没有一个特别好的人带，那么他可能会以为自己看到的人的水平就是职场的正常水平，以为这就是行业现状，这是短视的。

职场人会主动出去学习交流，主动接触知名公司，了解别人的制度、模式、人均产出和激励模式，进而思考自己的能力目前在整个行业处于怎样的水平，以及如何进一步提升自己的工作能力。只有工作能力提高了，我们才能真正把公司交办的事情做到位。

# 5.10

## 一堂“创业基础”课教会我们哪些事

在学校教“创业基础”课时，我给同学们说：“没有经过利益考验的合伙人，不是真合伙人！”

什么是利益考验？我出了一道“分钱”题给同学们现场做。你不妨也思考一下，你会怎样分钱？

我点名一个同学问：“假如你带着大家创业，今天赚了1 000元，你会怎么分这些钱？”

我还特意强调，如果武汉大学生一天的实习工资为80元，那么这是可以接受的。如果一天实习工资为120元，这就是比较高的。如果一天实习工资为150元，那么学生会很满意。如果一天实习工资为200元，学生就会超级开心。

这位同学说：“每个人250元，平分？”

我说：“你当老板是很难做的，搞平均主义。能力强的人知道自己和别人一样，第一次不计较，但以后心理会平衡吗？还有啊，你发这么多钱给平时赚200元就超级开心的人，你把他们的预期一下子抬到250元。万一下次你赚到800元，只能给每个人分200元，他们开心不？”

这位同学想了想说：“不开心。”

我问第二个同学：“你怎么分？”

他马上很聪明地说：“我按能力贡献分。”

我说：“你也很难当老板，有钱就分，不留点余粮给明天？”

我问第三个同学：“现在，你怎么分？”

他深有启发地说：“我留300元，剩下的按能力贡献分。”

我又问：“假如现在生意好了，你每天都能赚1 000元，怎样给大家发工资好？再一次提醒，大学生每天获得150元就很满意了。”

有人说：“发200元？”

也有人说：“发180元？”

我说：“你们这样还是很难当老板啊。”

我说：“要是我，我第一天给大家发80元，第二天发100元，第三天发120元，这样大家感觉跟着你干，每天都能赚更多的钱，这样大家才愿意跟着你干啊。”

“对了，第四天，”我转头去问一个同学，“你发多少？”

他说：“150元？”

我说：“你也很难当老板啊，120元已经是比较高的薪水了。你要记得控制成本啊，到了120元，以后按120元发就好。对于有特别贡献的人，你要记得私下聊天，请吃饭，发红包，告诉他还有年终奖，让他安心跟你干，这样才叫会发钱的老板。”

我说：“分钱其实是管理人的预期，不是控制人的预期，否则每个人都会变得不好管。对了，对于刚刚的分钱，我们其实是假设大家不知道你赚了多少钱。现在加一点难度，团队一起创业，规模很小，没有什么事情瞒得住，现在大家都知道你赚了1 000元，你怎样分？”

这个时候一位同学说：“我告诉大家留400元做运营，然后剩下的平分，一个人150元，这也很多了。”

我说：“有进步了，知道留一部分钱做运营经费。但你这样还是很难当老板，因为你怕大家不满意，还是搞平均主义。万一有人觉得他贡献大，你却给少了，怎么办？”

我继续说：“最好是提前约定工作量和待遇之间的关系，完成多少工作量给什么待遇，完成怎样的业绩奖励多少钱，规则公开、透明，反而好管人，这就是管理。”

但是，对于刚刚创业的团队，早期大家在一起做事，对工作量和工作贡献的评估也很难有客观标准。这个阶段需要互相补位，一起同心协力专注做事，需要团队成员的深度信任。

如果你约定了工作量和贡献考核标准，那么大家一开始不见得认为这是合理、公平的，反而会产生内耗。所以，聪明的老板会选择多谈感情少谈钱，装糊涂。在第一次赚钱后，大家同意留点发展资金，将剩下的钱分给团队，人人开心且干劲大。

等开始持续赚钱了，你就可以和大家约定一个规则，一起商定奖励制度。先让大家看到你舍得分钱，再尽快让大家学会公平分钱，我觉得这才是合理的。

当然，这个过程会有人不理解，有可能使创始人团队之间产生矛盾，甚至解散。

我说："实际创业哪里有那么理想，也许真实情况是你们四个人才赚了300元。"

我问一个同学："这个时候，作为老板，你怎么分？"

他说："那平分？一人75元？"

我又问另一个同学，他说："我给大家分100元，我自己不分。"

我说："这位同学有做老板的潜质！为什么有的老板有人愿意追随，就是他首先想着照顾大家的利益，而不是自己先赚钱。能赢得人心的人，其事业就有希望。"

不过，如果你每天只能带着大家赚300元，大家会认为跟着你干没有前途，还是会和你分手。

所以，有钱也不好分，这还是一个极简创业模型。如果亏本或者赚很多钱，那么这对人性的考验又完全不同。创业不光是看有没有技术，有没有市场，有没有管理，还要考察创始人对人性的理解有多少。

我说："我对大学生创业是持谨慎态度的。绝大部分大学生应该认识到创业需要方方面面的积累，不妨先去公司工作，扎实地积累经验和人脉再创业。毕竟人生的跑道往往不是比谁的起点在先，而是看谁能坚持到最后。"

一堂课上完，我看到很多同学有一种恍然大悟的感觉，不知道这堂课对大家有没有启发。

对于想创业的大学生，我有三个建议：

（1）学习创业与商业管理知识，给自己提前装备商业头脑。

（2）去创业公司实习，体验真正的一线创业公司的生存压力。

（3）联合一些志同道合的同学参加“互联网+”和“创青春”等高水平的创业竞赛。这些大赛不但影响力大，而且水平很高，你能够从中学到很多知识。

# 第六章

# 你的生活，其实是被你的习惯塑造的

# 6.1

## 有趣的灵魂和好看的皮囊，我都要

很多人没有想到吧，我问大头敏青春有什么遗憾，她说觉得自己长得太丑了。我可是见过大头敏，她的长相和“丑”字绝不沾边！

为什么大头敏会这样想呢？

原来大头敏的妈妈是一名小学老师，坚信朴素是心灵美的保证，只有不注意外表的人才能更专心学习。学习是最重要的，艺术教育、体育发展顶多算加分项。所以，大头敏从小就留着“男仔头”。在她看来，选哪件衣服，梳哪个发型，都是一样的。

在电影《穿普拉达的女王》中，时尚编辑拿起两个看起来完全一样的皮带，焦虑地说：“它们的差别太大了，我太难选了。”大头敏和女主角安妮·海瑟薇一样震惊：“什么？有什么不一样？”

这让我想起2018年9月10日马云宣布将卸任阿里巴巴董事局主席，同时将回归教育。而教师出身的他，在各种场合做教育演讲时总不忘呼吁大家关注教育，特别是艺术教育。

马云曾经在公开演讲中坚定地表明了自己的想法：“在学校，音乐课、体育课和绘画课是必修课，数学和语文慢慢来，因为现在的教育急缺艺术教育。对于那些在城市里面生活的人，我没看到过谁不会算数。”

在这一点上，我非常同意。我们过去的教育过于重视实用性，忽略了对人的通识教育和艺术教育。今天的中国已经发展到一个普通人不需要为基本生活担心的阶段，因此我们应该重视一个人的精神生活。在大学，大学生应该给自己留一点时间，学习通识，学习审美。

**对美的感知不是一朝一夕能够培养起来的，请大学生朋友们抓住在大学的时光多培养美感，把原本在青春期就应该上的培养审美能力和塑造个人形象这一课补上来。**

我第一次欣赏西方人体油画时，完全看不懂那些油画大家的作品好在哪里，只顾着好奇为什么西方画家都喜欢画裸体。而大头敏因为在大三得到了去法国学习一年的机会，就有和我完全不同的成长经历。

大头敏在卢浮宫看到古希腊雕塑时，屏住了呼吸——她开始真真实实地觉得，它们真美啊！她看到肌肉和骨骼的纹理、饱满丰富的表情、鲜明泼辣的情感，总觉得它们下一秒就要动起来了。

古希腊人认为神是完美的人，所以在艺术创作上，用他们心目中的完美人体来表现神性。当人类隔着几千年依然能为这些完美的肉体心醉神迷时，我们才能承认：肉身可以不只是一具皮囊，更是艺术的表达；杯子可以不只是容器，更是文化的传承；服饰不只是遮羞的工具，更是个人的符号。

但一个人要想有这样关于美的认识，也需要学习。那么，大学里有哪些提升自己审美能力的便利方法呢？

## 1. 去图书馆借阅关于美学的图书

推荐大家系统看一些关于中西方艺术史、哲学史、文化史的图书，这对我们认知人类文化传承非常有好处。这就是一种系统的审美教育。

如果你实在读不下去这些审美大部头，那么你可以在微博上关注顾爷。他一本正经地讲艺术史的各种八卦，这些内容的可读性真的非常好。

B站上也有很多教大家艺术史、绘画的UP主（在视频网站、论坛等上传视频、音频文件的人）。你可以先通过自己喜欢的方式入门，再慢慢系统提升，这也是很好的选择。

对了，我推荐两本很适合初学者的穿搭书：《风格白痴》《我的时尚穿搭规则》。

## 2. 多去博物馆、艺术馆、美术馆和科学馆

很多大学生在业余时间时会安排社会实践、企业实习、环游世界、锻炼身体。当然，这些都非常好。

不过，我们别忘了，人类的很多精神财富都存放在博物馆、艺术馆、美术馆和科学馆里面，而且这些机构经常会组织各种免费展览和公益讲座。

读大学，你一定要在自己的城市搜索一下这些场馆地点，看看周末有没有什么感兴趣的活动。参加这些活动，就是美的教育。

我给大家晒一晒大头敏的经历，大家看看是不是很有启发？

- 23岁，听音乐会、演唱会，看音乐剧，不懂音律也至少能与音律共鸣。
- 25岁，学西方艺术史，听艺术讲座，带着纸和笔去博物馆做笔记。
- 28岁，在纽约的麦金侬酒店看了沉浸式戏剧《不眠之夜》（*Sleep No More*），面对各种精彩舞蹈的翻飞跳跃，回来开始学古典舞。

**只有从内心开始觉醒，你才能发现这个世界的美。**

我们说的美，不是眼影，不是口红，也不是昂贵的包包，而是对美的觉知，是对自己适合什么的笃定，是挺拔优雅的体态，是让人舒服的妆容，是得体的穿着，是对色彩的搭配，是对生活的品味。了解美，可以让我们更了解自己，更了解他人，更了解整个世界。

## 3. 交往几个喜欢时尚的朋友

每个人身边都有一些特别注意外形、喜欢聊穿搭和喜欢各种美颜工具的同学。我可不认为他们是庸俗的，也许他们不过是更有自我意识，更注意通过形象表达自己的个性。

这些同学，往往订阅各种时尚刊物，勇于尝试各种穿搭和新的化妆品，不断试错，不断总结经验，慢慢就找到了适合自己的穿搭和化妆风格，这也是一种在实践中成长的机会。追求美是一件天经地义的事情，不一定就是爱慕虚荣。

我建议大家不要因为畏惧踏入自己陌生的领域或觉得自己“不懂”，就觉得与爱臭美、喜欢打扮的同学交往是一件肤浅的事情，就对这些东西避而不谈，从而把自己埋头在学习中。

其实，我非常鼓励你和这样的同学交朋友，让他们带着你逛街购物！一般来说，大学附近都有很多商场和小摊，售卖很多青春洋溢、价格不高、款式多变的服饰。和这样的同学多逛街、多观察、多试错，几年下来，你不但可以探索出自己适合什么样的穿衣风格，如何护肤化妆，还能学到很多购物经验。总之，你在读大学时就搞懂一些穿搭基本规则，总比大头敏穿着西装和运动鞋去律师事务所实习时被人侧目要好吧？

这几年“共享衣橱”概念兴起，“衣二三”等App还提供衣服无限租赁换洗服务。如果你的预算充裕（不充裕的话也可以考虑和室友一起拼单），那么你还可以用这些平台充分探索什么样的穿搭更适合自己。

### 4. 选修一些和美有关的课程

大家一定要意识到，**审美能力也是一件需要刻意练习（和花钱）的事情，有的人慢一点，有的人快一点，开始了总比没开始要好，晚开始总比更晚开始要好。**

大学里有很多关于艺术史、书法、摄影、绘画、音乐、诗歌、电影鉴赏、形象礼仪的选修课，网上也有很多很好的网课或分享，大家应该主动去学习。

一个精神世界丰盛的人，才会真正拥抱美好的事物。

最后，我给爱美的女孩子分享一些特别的变美妙招：

- 注意锻炼、防晒、睡眠和营养，别熬夜，这对你的皮肤好。
- 任何女生，挺胸抬头都比含胸驼背更好看。
- 整齐的牙齿会让人更有气质，而且对健康有好处。不管多少岁的人都可以向靠谱的牙医咨询自己是否适合整牙。
- 学一点化妆术，这也是职场礼仪的一部分。比如眉毛淡的女孩子，画一个眉毛就会很精神。
- 学一点服装穿搭，试着用不同的风格发掘自己不同的美。
- 保持微笑面对世界的人，都很美。

# 6.2

## 横亘一生的战斗：对决拖延症

“明天就是交论文的日子啦！而我的论文还只写了一个开头！”是不是你的身边也有这样的同学？

论文是老师早早就布置了的，有的同学以为花一个学期的时间总能写好。甚至有的同学会觉得既然时间这么多，自己就要好好写，争取写出一个厉害的论文来，一鸣惊人！结果……

- 有一门课要求每周做预习，不得不经常花时间去准备。
- “大学英语”网课要上够一定的时间，电脑经常在挂机的页面做不了其他用途。
- 社团的活动开始了，要给新入社团的师弟师妹做好榜样，带他们去扫楼。
- 想去图书馆借某本参考书，这本书却迟迟没有返架。没有这本书，自己压根开始不了写作，再等等吧。
- 据说写论文要学会用中国知网，那还要先摸索一下。
- 隔壁宿舍的同学开始找兼职和实习了，自己也心痒痒想试一下，便花了一个星期做简历、刷论坛、做题库测试。
- 和男友（女友）吵架了，看言情小说疗伤……
- 啊，一个学期快过完了，论文还没动笔，甚至下载下来的参考论文都只看了两篇，只好拼拼凑凑，才勉强赶上deadline（截止日期）。

以至很多高校流传一句话：deadline是第一生产力。deadline就是让你在截止日期前一天开始学习的……

这就是拖延症。拖延不是大学生才有的毛病，是全世界很多人的通病，很难治，否则不会出现那么多教人如何治疗拖延症的书。据说，《拖延心理学》的作者就拖了整整两年才交稿。

就说大头敏吧，她也是一个拖延症重度患者。我是写书后才知道她的在职研究生论文因为严重拖延，不得不延期毕业了两次，别人读三年，她硬生生读了五年！所以，连大家看到的这本《不要等到毕业以后（升级版）》，从开始动笔到付梓，也拖延了近三年才完成，这一点儿也不奇怪。

蒂姆·厄本（Tim Urban）的《拖延症人群的内心世界》是TED上最受欢迎的演讲之一。蒂姆·厄本说，**每个拖延症患者的大脑里，都住着一只“及时行乐猴”，一直在寻求即时反馈的刺激，直到deadline来临，才有“惊恐怪”出来，让他急急忙忙地完成任务。**

大头敏也问过我：“你会拖延吗？”

我当然会拖延呀！我读大学的时候也是一个拖延的人。我考试复习都是靠考前突击，每次能及格过关都觉得很幸运，然后发誓下个学期一定要改变，要上自习，结果还是好了伤疤忘了疼，到了下个学期依然拖延。

那我是从什么时候开始不拖延的呢？

其实，我是从工作开始后才慢慢变得职业化了。一开始，各项工作都有人安排，要求及时交付，否则同事和客户的事情就要受到影响。2013年年底，我带着一群大学生**创业以后，更是发现公司每一天都要全力奔跑才能生存下去，deadline不再是截止日期，而是“死期”。每天事情多到做不完，我哪里敢拖拖拉拉。**

我现在的工作日程表，以45分钟为单位，上面密密麻麻地写着一个春节做了多少场直播，写了几本书，安排了多少次会议和分享……答应的直播，我即便再不舒服也要上；答应的截稿日期，我一定如期交上。我必须严格遵守为事业版图制定的时间表，否则就会带来各种各样的连锁反应，越拖，事情就越多，人反而得不到释放。

大头敏之所以写书拖延，主要是因为工作事务太多。她虽然在写稿上拖延，但是在工作上不敢拖延，每一个工作都有截止日期和时效。一个人拖拉，可能会导致整个团队失败。

大部分人之所以拖延，一个重要原因是无法立即感受到拖延带来的严重后果，所以存有侥幸心理。那么，我们有没有破解的办法？

**第一，练习创造心流体验，把精力完全投注在某件事情上。**

人很难控制拖延症的一个重要原因是，脑海里有太多杂念。但是，每个人都有过心流体验，比如全神贯注地看一个让你屏住呼吸的故事，比如全情投入地打游戏。

**心流，就是深深沉浸在当前要做的一件事当中。**有过心流体验的人，会知道心流状态有多么的美妙。现在，你要把这种体验用到学习中。你可以有一个开始的仪式，比如把台灯打开，把桌上的杂物清走，并给自己心理暗示：我要开始做某件事了！训练越多，你就越快进入心流状态。

**第二，拒绝完美主义，尽快开始。**

很多人认为自己拖延，是想把事情做到完美，所以总感觉自己没有准备好。但问题是，没有谁第一次就能完美演出，每个人都需要在不断实践中改进。

拿着完美主义做借口的人，其实更大可能是不愿意面对自己即使付出全部努力也无法做到完美的现实，更害怕自己达不到在别人心目中的预期。

但好比玩赛车游戏，你要做的不是突然大力踩油门，而是尽早开始踩油门这个动作。记住，不是因为厉害了才开始，而是开始了才厉害。

**第三，制作todolist（待办事项），从简单的任务开始。**

有时候，我们之所以拖延，是因为担心工作做不完，反而失去挑战的勇气。

一篇20 000字的学年论文，怎么写呀？我们可以先试着把大任务分解成一个一个的小任务，从难度低的开始。比如：

- 先去搜集相关论文。
- 阅读相关的论文。
- 去和同学们讨论论文写作思路。
- 写出第一版论文提纲给导师反馈。

你越早开始相关的小任务，你的畏难心理就越少。

**第四，每次只确定一个头等目标。**

有人在写计划的时候，说要学英语、减肥20斤、考下专业资格证书。每个任务的完成都是要消耗意志力的，而人的意志力是有限的，在摊分到多个任务上以后，很快就会被耗尽。

比较好的方式是，**在一个相对集中的时期里，只做一件事情。**比如，这三个月的头等大事就是写完论文，其他事都可以放下。

目标专注了，你就不会因为要响应各种同时发生的事情而让自己陷入忙乱。

**第五，和厉害的人在一起，用同伴压力驱动自己。**

在大学，督促我们进步的最有效手段不是父母的唠叨，而是你的室友每天坚持早起上自习！

我鼓励大家主动加入一些上进的社群，一群人一起做一些硬核的事情。比如，当你看到几百人齐刷刷地准时在早上6点半起床读书、写心得、讨论时，你自己也会不好意思睡懒觉的。

如果大家想体验一下这样的社群，那么我欢迎大家加入秋叶书友会，一起参加一期免费的《不要等到毕业以后（升级版）》图书共读活动，好吗？

# 6.3

## 自控力：我为什么不能坚持

有个同学跟我说，他在读到疯狂英语李阳的晨读故事时非常振奋。“无论是下雪还是刮风下雨，每天中午，两个身影在烈士亭准时出现。刚开始，一些过路人把我们当成疯子、神经病。后来，陆续不断地有人从围观、犹豫、激动到‘放下脸皮’加入进来……整整四个月，从秋末到来年初春，我们复述完了近10本各类原版英文书。”

于是，她也决定要坚持晨读英语，改变人生，走向成功！

她特意调了第二天早上6点半的闹钟，然后在宿舍阳台开始读。当她读了20分钟后，隔壁阳台探出了一个睡眼蒙眬的头：“太吵了！不要读了！”

这跟书上的剧本不一样啊！对方又补了一刀：“而且，你的口音太重了！”

这个人就是大头敏，她的晨读生涯只坚持了一天，准确来说，是20分钟。

很多大学生来信诉说同样的苦恼，不管做什么事情都容易半途而废，不能坚持到底。

我是一名大一学生，从去年开始到现在我做了很多打算、计划，但是我几乎没怎么实行过。现在，我对上课也没啥兴趣。上课时，我要不看小说，要不睡觉，要不发呆，但过后我又特后悔、特纠结，觉得自己对不起父母。在这里，我过得混沌，看不到希望，一味地活在自己的幻想世界里，甚至有不想念书的念头。我很烦，特烦，我到底该咋办？我想改变这种现状，但我要怎么做？！

**愿景很美好，坚持很困难。我们每天都会受到各种各样的刺激和鼓舞，开始行动只需要一个决心，坚持不下去却有千千万万个理由。只要一次失守，行动就会宣告失败。**要想坚持做一件事情，其实是需要意志力的——也就是控制自己行为的能力。

为什么很多大学生在高中阶段能坚持上自习，而到了大学阶段却做不到？

## 1. 没有形成固定的时间节奏感

在高中阶段，我们都比较容易坚持做一件事。一个重要的原因是，我们有良好的生活习惯，我们每天按时起床，按时上课，按时自习，按时睡觉。

在一个有规律的生活作息计划里，人们容易在相对固定的受控时间里完成自己既定的目标。

到了大学阶段，课表不是天天相同，生活也开始多了很多可能性，这意味着我们在获得各种自由的同时开始失去过去养成的作息节奏感。我们开始慢慢变成更容易被不同的事情推动去行动的人，而不是坚持在固定的时间做事的人。

**要养成坚持的习惯，你最好让自己有在固定时间去做固定事情的习惯。**

我们会发现，很多学霸都有这种“在固定时间做固定事情”的习惯。大头敏为了争取去法国交流学习，下定决心要学好法语，每天都到图书馆尽头占一个面对落地玻璃窗的位置，听写完一课“简明法语教程”。这种听写法帮她在很短时间内提高了法语能力，她如愿以偿地得到了交流机会。

比如，每天坚持在某个固定的时间写日记、练字、锻炼——一切你喜欢的事情，不需要太多的时间，哪怕就15分钟。这些小事情会慢慢变成新的时间锚点。有了这些时间锚点，你才能在不同的环境里慢慢养成生活中的新节奏感。有时间节奏感的人，才能逐渐掌控自己的时间，才能开始为自己的目标取得进展。

大家要明白，**对自己的时间无法掌控的人更容易觉得累，而**

**对自己的时间有掌控的人更有产出。**

## 2. 没有找到好的志同道合者互相激励

高中和大学不同的很大一个原因在于，高中里的同学往往都是类似的行为模式，而大学里的同学各自兴趣不同。在大学里，也许当你想上自习的时候，你的好朋友邀你玩一把“吃鸡游戏”，这个时候你的事情重要还是朋友之间的响应重要？

你和怎样的人交往越多，你就越可能变成怎样的人。一起玩得好的人往往拥有类似的生活节奏。

因为高中有各种制度和外力约束，大家都被集体化成一种行为模式，往往能为某个特定的目标长期全力以赴，互相追赶激励。很多人觉得自己在高中的学习过程中很有充实感，这和环境是分不开的。

## 3. 没有选择一个更适合目标的环境

大学里往往缺乏和你有同样目标的同伴，这也导致你很难一个人特立独行下去。

在双一流高校，为什么大家上自习的氛围依然浓厚？因为这里考研和出国氛围浓厚。一旦你进入这样的学校，你就很容易被这样的氛围同化，也就会变成这样的人。

在高中，即便你的同学不求上进，我也不太担心你不会坚持，因为班主任、家长、班委会、学校构成了一张网，为你设计好了每天的行为模式。到了大学，无论是班主任还是辅导员，又或者是班委会和学校，对你的管理是很粗放的，没有人天天监督你上自习，甚至是上课！

所以，大家可以理解为什么考研时那么多人会去报考研班，一是需要同伴环境，二是需要上课的环境。

## 4. 丢失了自己真正想做的目标

坚持的前提是为自己找到一个坚持的理由或者目标。

在高中阶段，我们有一个明确的目标，即考大学，而且被同伴和环境驱动去努力。到了大学，就业一时半会还很远，考研也得三年后，经过12年艰苦求学的日子，人人都想放松一下。但正在这种放松的环境中，我们想不起自己的奋斗目标了。

**没有方向的船，所有的风都是逆风，我们能够坚持的前提是，为自己找到一个清晰的目标。**

## 5. 无法确定自己的所作所为是否让自己离目标更近

上大学倒是有一个现实的目标，即就业。但在大学里，课程体系的设置往往让你看不到现在学的内容和将来就业目标的关系，只是让你感觉到自己一天天在混日子。

如果你没有办法衡量你现在离目标的距离是否更近，你就会慢慢忘记你的目标，甚至慢慢用还在学习这件事情来安慰自己在接近目标，其实这是自欺欺人。

在通往目标的路上，很多同学总是怀疑自己的努力是否是对的，总是怀疑自己的选择是否是最佳的，在这种畏首畏尾的犹豫中，如果没有太多的进展，他们就会慢慢放弃坚持。

我建议大家养成一个习惯，即做每周复盘——以周为单位列一张表，将表分成学习、生活、社团三个部分，每天填写，记录自己做了什么，如表6-1所示。

**表6-1　每周复盘表**

| 星期 | 学习 | 生活 | 社团 |
| --- | --- | --- | --- |
| 周一 | | | |
| 周二 | | | |
| 周三 | | | |
| 周四 | | | |
| 周五 | | | |
| 周六 | | | |
| 周日 | | | |

简单的记录举动可以让复盘成为你每天临睡前必做的一件事，这样你就会对自己每天做了什么有具体的感知。你就会开始形成自己对生活的思考和沉淀，也开始清楚自己每天做的事情是否让自己离目标越来越近。

## 6. 已经养成了需要马上奖励的行为模式

**在坚持过程中，我们最大的对手是人性对即时满足的向往。**

现在，很多人都喜欢玩游戏，游戏是一种即时满足的模式。在游戏中，只要做对动作，我们就能马上获得各种奖励。但是，在现实生活中，我们往往要付出很多，坚持很久，才能看到一点点改变。

刷抖音、朋友圈、微博之所以那么具有吸引力，是因为每时每刻都有新的内容在产生，而你永远不知道这些内容是什么，一切都是新鲜的，而且除了滑动屏幕外，你不需要做任何其他动作。这就叫作即时满足。

写论文、学英语、减肥之所以那么难，是因为你需要默默坚持很长一段时间，没有反馈，低速徘徊，充满痛苦。如果少吃一碗饭马上可以瘦半斤的话，那么天底下没有瘦不下来的胖子。

一旦习惯了马上要得到反馈的行为模式，我们就会对需要坚持的事情缺乏耐心。**推迟满足感，意味着不贪图暂时的安逸，重新设置人生快乐与痛苦的次序。**

心理学认为，能“推迟满足感”的人更容易获得成功。因此，沉湎游戏最大的负面后果不是浪费时间，而是人对不能马上获得反馈的事情变得越来越缺乏耐心。

## 7. 一点点小成功替代了真正的目标

心理学有一个效应，即人在为目标奋斗而得到一点点进展的时候，往往会奖赏自己放纵一下，但这样也很容易让自己脱离正确的轨道。

很多人坚持减肥一段时间，发现有效果，就奖励自己多吃一点，结果前功尽弃。所以，当发现自己已经取得了一点点进展时，你一定要提醒自己，要继续加油，因为大目标还没有实现呢！

童话大王郑渊洁，以一己之力写了30年的《童话大王》。他每天早上4点半准时起床，一直写到早上6点半，写6 000字。有人问他："一个人写一本杂志30年，辛苦吗？"他说："全世界最闲的就是我，因为我凌晨两个小时，就把这一天要写的东西写完了。"

郑渊洁能够坚持的秘诀有三点：一是他有清晰的目标，即写《童话大王》；二是他每天都在同样的时间锚点做同样的事情，即在早上4点半到早上6点半写作；三是他把每天最重要的事情放在第一位，保证了最重要事项的推进。

最后，我给大家分享一下唐家三少关于自己坚持写作的故事：

今年有句话很流行：时间都去哪儿了？我很幸运，尽管我不可能记得过去十年的每分每秒，但我清楚地知道自己的时间去哪儿了。

记得当初刚刚搬家的时候，我在书房里做了两面墙的书柜，一直到房顶。我对妻子说，未来我一定要用自己写的书将它们装满。妻子说，那你要写多久啊？我当时没办法回答她。但现在，这两面墙的书柜不只装满了，而且向外层叠着的第二层都放了大半。

它们可以告诉我，我的时间去哪儿了。我不记得每一年的细节，但我清楚地记得在过去这十年里，每一年我写过什么，它们是我过去十年留下的印记。

我是在二〇〇六年九月十五日与妻子领的结婚证的。领完后，吃个饭，回家。那时写的是《冰火魔厨》。

二〇〇七年五月十九日，我们举行了婚礼。婚礼当晚，送走了客人，洞房花烛之前，写了当天的更新。那时写的是《生肖守护神》。

我的女儿出生于二〇〇九年四月十日，那时候天气不冷不热，温度适宜。妻子在病房中待产，我坐在她身边不远处，在一张破旧的写字台上写着《斗罗大陆》。

所以，同学，如果你也有一个美丽的梦想，那么请咬咬牙，坚持住。

## 6.4 大学生都必须知道的时间管理术

没有人不想珍惜时间，在大学校园，我们到处可以看到路上用耳机听英语音频，以及晚自习结束后还回到寝室“加餐”的同学。

但更多的同学感受到的是，自己看网页的时候，刷朋友圈的时候，追网剧的时候，看微信公众号的时候……丝毫没有察觉到时间的流逝，一下子就一个小时过去了，想起正事还没做完，好想哭。

更别说很多人给自己列的梦想清单——想把英语学好，想把GPA提高一点，想申请一个自己的微信公众号，想试着通过兼职赚来自己的第一桶金……立下的无数Flag（目标）现在都静静地躺在纸上。

好多人觉得自己一年的产出特别高，看起来什么事情都能完成，而有的人总觉得时间不够用。

大头敏在大三下半学期申请到一个出席全球机遇与商业投资峰会（Global Opportunity and Business Investment）的机会，地点在土耳其的伊斯坦布尔，峰会由伊斯坦布尔政府主办。在大头敏去参加峰会之前，峰会主办方给她发了封邮件，问她到达的航班，并给了她一个地址，让她打车到这个地址，说会有人来接她。

大头敏坐的是红眼航班，在峰会开始前一天的凌晨4点到达了指定地点。天蒙蒙亮，一位叫乌戈尔（Ugur）的帅气男生来接她。乌戈尔是伊斯坦布尔科技大学工程系的大三学生，峰会的主要执行方是伊斯坦布尔大学和伊斯坦布尔科技大学的学生会。

第二天，峰会正式拉开了帷幕，伊斯坦布尔的市长、诺贝尔奖得主等大咖致辞。在接下来的日子里，大头敏每天参加讲座、论坛、辩论、游轮聚会以及探访历史古迹，每天都在惊讶组织方的水平之高。但更让大头敏震惊的是，这样高档次的活动都是由伊斯坦布尔大学和伊斯坦布尔科技大学的学生会筹备的。每天大头敏都不断地问自己这个问题：**我的同龄人是如何利用时间的，为什么可以在同样的时间密度里做成那么多金光闪闪的事情？**

大头敏在伊斯坦布尔待了12天。这12天让她有了很多时间和国际上的同龄人讨论和请教如何管理时间。

大头敏发现了一个秘诀——他们中的大部分人都做日程管理。有的用手机日历，有的用手机软件，有的直接用笔记本，大部分人对自己每天占用时间的事项有一个总体的规划。

这些优秀的国际同龄人表达的意思，居然和我在《时间管理7堂课》这本书里面的意思是一样的——**如果你放弃了管理自己的日程，那么你注定会一辈子让别人管理和安排你的日程。**

如果你不想以后自己的时间变得支零破碎，那么我建议你学会建立自己的日程表。

**大学的课时作息表是最好的日程管理入门表，**因为大学按照课时把一天进行了规范的分割，你可以培养良好的时间节奏感。

另外，最好选一个全平台通用的管理软件，这样无论在手机上、笔记本电脑上还是平板电脑上，你都可以实时同步管理日程。比如，微软的Outlook就是很好用的一个跨平台日程管理工具。

大头敏的习惯是建立两个Outlook账号，一个是工作日程，另一个是私人日程。它们可以一起按时间线显示，也可以分开展示。这样她既可以看到日程的整体情况，对自己今天还剩多少自由支配的时间做到心中有数，又可以单独选中公务日程表和同事们分享，公事和私事不会互相干扰。

有了日程表，我们一定要养成建立自己的待办清单的习惯。

**遇到事情，养成先写下来而不是先做的习惯。**因为我们太容易被打断，我们的大脑太容易遗忘。有的同学今天想做这个，明天想做那个，因为没有先记下来，被别人提醒时才发现自己忘记了。

我们可以先记下来，而且只记在一个地方，再开始做。有的同学使用多个笔记本，每次想到要做什么时东写一个西写一个，最后找都找不到。

你可以去了解一些GTD（Getting Things Done，把事情处理完）理论，学会如何响应你遇到的大大小小的事情。

比如，把事务清单分成收集箱、学习、生活、事业几个类别，无论想到什么，你都可以将它马上写下来，并将其丢进收集箱（不要思考它属于什么类别，先写下来！）。

等到有时间，你就打开收集箱看看。

对于能够五分钟解决的事情，你就马上做，比如“给某某某回电话”。

对于需要以后做的事情，你就将其挪到对应的分类中。比如，“填写实习企业的报名表”不可能在五分钟内完成，你就将其放进“事业”这个类别。

对于需要分解的任务，你就把它分解成一系列动作。比如，“写一篇论文”应该拆解成更细化的“查找论文”“起草提纲”“写文献综述”“写正文”“征求导师意见”等，然后你再将细化的任务列入日程表中。

**养成把所有待办事项归到一处的习惯，用事项清单帮助自己成为一个不忘事的人，是每个大学生都应该养成的时间管理习惯。**

在土耳其期间，大头敏发现负责接待她的乌戈尔非常厉害，他一边把嘉宾行程安排得井井有条，一边把自己的学业安排得明明白白，还拿到了米兰理工大学的硕士全额奖学金。最后一天早上，乌戈尔如往常那样，叫大家起来吃早饭："Hey ladies, breakfast is ready!（女士们，早餐准备好了！）"

等大家睡眼蒙眬起来吃饭时，乌戈尔神采奕奕地说："我刚刚写好了我们的活动报告，你们要看看吗？"大头敏当时就问："你是怎么一边接待我们一边顺手把活动报告写完的？！"

乌戈尔得意地说："我先打好框架，每天用零碎时间想一想写什么并搜集一下素材。觉得哪部分成熟了，我就抽一个小时集中写一部分。"在那一刻，大头敏意识到了碎片时间的威力。

这就是现代人必须建立的一种时间管理能力：利用碎片时间完成大块的工作。**认真思考你认为需要大块时间完成的事项，看看能否将其分解成可利用碎片时间完成的事项。**

请试着从碎片时间的开发利用开始，为每一个单位的碎片时间找到三到五种有价值的用途，比如回复邮件，这样人生才会慢慢变得高效起来。**碎片时间的用途越多，我们支配时间的自由度就越高，我们就可以在短时间内完成更多的事项。**

**当碎片时间找不到合理的用途时，其最大可能就是浪费在无意义的事情上。**

# 6.5

## 懂一点精力管理，拥有不疲惫的人生

很多人上大学以后，感觉自己的战斗力低了几个数量级……

高三时，很多人每天早上5点起床，冲两包速溶咖啡或者车仔绿茶，然后开始背诵《新概念英语3》。背下来后，他们就默写，写完了就对照原文批改一遍，再朗读一遍，默写一遍。早上6点半，他们换上校服，骑单车出门上学，去上早自习。为了不浪费时间，他们还会戴上耳机，把刚才背诵的课文循环播放到教室，一口气忙到晚上10点半回家，坚持一年也没有觉得有问题啊！

等他们上了大学，起床时间先从早上5点变成了早上6点，然后变成了早上7点，再变成了早上8点……到后来，早上8点的课，对一部分同学来说也变得困难重重。眼皮总是在打架，他们觉得做什么都会很快疲劳。

相信很多人打开自己高中和大学的日程表（见图6–1和图6–2）看看，都会大吃一惊。

**大学给了一个人自己管理自己的自由，但很多人却养成了不规律的生活作息。**

清代名臣曾国藩，身体底子非常不好，经常耳鸣、疲乏、气短、失眠，曾经满脸长满了癣，生过三次大病，最严重时连续十七天都无法进食，一个多月都下不了床。

| | 星期一 | 星期二 | 星期三 | 星期四 | 星期五 | 星期六 | 星期天 |
|---|---|---|---|---|---|---|---|
| 早自习 | 早自习 | 早自习 | 早自习 | 早自习 | 早自习 | 早自习 | 早自习 |
| 一二节 | 上课 | 上课 | 上课 | 上课 | 上课 | 上课 | 上课 |
| 三四节 | 上课 | 上课 | 上课 | 上课 | 上课 | 上课 | 上课 |
| 五六节 | 上课 | 上课 | 上课 | 上课 | 上课 | 上课 | 休息 |
| 七八节 | 上课 | 上课 | 上课 | 上课 | 上课 | 上课 | 休息 |
| 晚自习 | 晚自习 | 晚自习 | 晚自习 | 晚自习 | 晚自习 | 晚自习 | 晚自习 |

**图6–1 高中日程表**

| | 星期一 | 星期二 | 星期三 | 星期四 | 星期五 | 星期六 | 星期天 |
|---|---|---|---|---|---|---|---|
| 早自习 | 睡觉 | 睡觉 | 睡觉 | 睡觉 | 睡觉 | 睡觉 | 睡觉 |
| 一二节 | 起不来逃课 | 睡觉 | 起不来逃课 | 睡觉 | 上课 | 睡觉 | 睡觉 |
| 三四节 | 上课 | 上课 | 等吃饭 | 等吃饭 | 上课 | 休息 | 休息 |
| 五六节 | 上课 | 心情不好逃课 | | | 上课 | 休息 | 休息 |
| 七八节 | 等吃饭 | 等吃饭 | 早点吃饭逃课 | | 等吃饭 | 休息 | 休息 |
| 晚自习 | 上课 | | 我就是想逃课 | | | 休息 | 休息 |

**图6–2 大学日程表**

张宏杰在《曾国藩的正面与侧面》里感慨道："上天赋予曾国藩的智力和体力，本来只够他完成一生事业的十分之一。他却通过'勉强'，把自己的精力和体力逼到了极限，越过了界限，每天承担着超过普通人十倍的工作量，发挥出超过上天赋予的十倍能力。"

曾国藩是怎么做到的呢？他发明了一套曾氏养生法，像严格对待工作一样严格管理自己的身体。每天定时早起，准时吃饭睡觉，保持定量运动，饭后走三千步。你看，一个人若保持有规律的生活，就会精力旺盛。

**对于精力管理，我们要从管理自己的作息开始。不管每天要响应多少不同的事情，我们都要保持大致不变的生活规律，准时作息，准时吃饭。**

很多人以为自己缺的是时间——如果我有一个月的时间，那么我一定可以做到！

2020年年初，新冠肺炎疫情期间，很多人的生活像被按下了暂停键，绝大部分人都没有办法出门。在这个不断延长的"假期"里，你是不缺时间了，但是你真的完成了很多事情吗？你是不是发现自己作息颠倒后，反而精力和效率都下降了呢？

无论是假期还是平时，无论是高三还是大学，无论是二十岁还是三十岁，如果我们能建立稳定的生活习惯——几点起床，几点睡觉，几点吃饭，我们就能建立稳定的精力水平。

**除了作息规律，大家要学会聚焦目标，减少杂念，因为情绪稳定有助于恢复精力。**

很多大学生身体年轻、精力旺盛，但再强的精力也怕跟不上欲望。**人的精力是有限的，如果你总是设立超越自己精力极限的目标，那么你反而容易因为目标完不成而紧张、焦虑，甚至因为失望而崩溃。**

一个人如果保持情绪稳定，就不需要耗费太多心理能量，就更容易入睡和休息，就不需要花费那么多时间休息。

你想在一个学期就变成一个各方面都很厉害的人，是不可能的；但你想在一个学期变成一个某方面很厉害的人，是很容易做到的。

想拿奖学金，你就把更多的精力放在学习上，多和老师请教，多看论文和专著，把作业、小论文扩展后拿去发表，扎扎实实做学霸。

想学演讲，你就定期去演讲俱乐部，每周至少进行一次公众演讲，完成后再看其他目标。

你可以一次只想着搞定一个目标，将其他的目标先放弃，对于与目标无关的其他事项，学会适当拒绝。对于室友的游戏邀约，你不需要每次都答应；对于社团的工作，你不需要全部包揽；对于别人的请求，你不需要每个都满足。

**让自己把有限的注意力，放在最需要完成的事情上。**

你要时刻记住自己当前最需要实现的目标是什么，拒绝与此无关的诱惑和请求。你可以选择这个世界里面的一个点，慢慢地把它做深做透，做到自己在这个点上拥有新的能量，这些能量会把我们带到更广大的世界。如果你能学会管理你的情绪，那么你的精力管理也会得到巨大的改善。

大学生往往觉得自己年轻，多做一点不要紧，反正熬夜后很快就恢复了；但到了职场，工作压力大了，体力下滑了，你就知道年轻才能拼身体，很多人真的是过了25岁就拼不动了。

但很多职场牛人一直到了四五十岁还能精力旺盛地工作，除了体质差异，很重要一点是，他们学会了快速恢复精力的职场技能。

有一次，大头敏和我一起坐高铁，我处理完工作对她说："我要睡觉了。"然后，我就在人来人往的高铁上闭上眼睛，一分钟后我打起了鼾！！！这让一旁的大头敏目瞪口呆，她有坐火车坐过站的经历，所以在火车上不敢睡觉，只好独自看起了书。离到站还有10分钟的时候，她想叫醒我，还没开口，我突然睁开了眼睛，目光炯炯地问："到站了吧？"

在颠簸的车上瞬间入睡，在下车之前精神抖擞，我是怎样做到的呢？其实，秒睡这种技能是可以用"心理暗示+反复训练"学会的，好比在拳击比赛时，运动员必须在一分钟内尽量恢复体力，这里面有恢复的方法。快速入睡也一样有方法，如果你尝试培养自己快速入睡的能力，你的精力就会很快恢复。很多厉害的成功人士身上，都有这种快速入睡的能力。

说到快速恢复精力，我有几个建议给大家：

**（1）睡眠质量比睡眠长度更重要。**

不是每个人都要睡8小时才够，你要找到适合自己的睡眠时长。你可以买个手环，记录一下自己的睡眠时长，看看深度睡眠和浅度睡眠分别占多少比例，以及睡眠时长为多少时自己的感觉最好。以后，你可以尽量按这个节奏来入睡。你要尽量避免熬夜后把一个白天都拿去补觉的做法。

另外，失眠已经成为现代人的通病。如果你在大学就有失眠的问题，那么等你工作后，你的失眠情况可能会越来越严重，会给身心带来很大的折磨。你一定要重视失眠问题，尽早联系专业医生去诊疗。

**（2）尽量在睡前不要玩手机。**

到了晚上，如果室友还开着灯打游戏和聊天，那么你可以戴上眼罩和耳塞。还有，睡前不要听激烈的音乐，你可以听一些有助于睡眠的背景音乐。

**（3）睡眠以外最有效的精力恢复法是运动。**

长时间处在同一个任务模式下，人是很容易倦怠的。比如，长时间坐在电脑前，人就容易走神，不由自主地会去看各种App，这就是身体下意识的切换模式。

看各种App不但会继续加大对视力的损耗，而且看完以后，你会对自己没有认真学习产生深深的内疚感。

如果有不同类型的任务切换，那么这样会更好。所以，如果你觉得倦怠了，那么你可以做一些你喜欢的运动。运动能够让人体分泌多巴胺——一种让人愉悦的激素，而且能让你僵硬的躯体重新被激活。

**（4）吃得不对也会影响精力水平。**

有句话叫作You are what you eat（西方谚语，指饮食可以反映一个人的性格与生活环境），你的饮食搭建了你的骨架、肌肉和脂肪。

吃太多淀粉会让你血糖上升，让你整个人都会昏昏欲睡。如果你吃得过饱的话，那么血液会长时间在胃部帮助消化，导致脑部供血不足，你也很难进行创造性的任务。

在备考时期，你不妨减少淀粉摄入，也适当减少食量，适当的饥饿感可以让人保持清醒。

# 6.6

## 理财不是从工作以后才开始的

有的大学生已经开始研究股票和基金了，会给室友讲一些K线图、行业指数、买入时机，谈起股经头头是道。更多的大学生会默默看一下自己微薄的生活费：没财，怎么理财呢？！

不过，理财就是理生活，越早开始越好。理财也是我们对自己现金流的管理，对自己欲望的控制。

近几年，一个叫作“裸贷”的名词开始出现在公众视野当中，最常见的受害者就是大学生。裸贷是一种高息贷款，借款人借款时除了提供自己的基础信息之外，还要加上手持身份证的裸体照片，甚至不雅视频。

裸贷利率会高到什么程度呢？假如借1 000元要在一周内还清，先扣200元手续费（砍头息），然后连本带利还款1 300元。如果你还不了，继续利滚利，半年还款金额就会变成好几万元。

如果贷款人没有能力偿还高额巨债，贷款人之前提供的隐私照片、视频就会被曝光在网络上，被发到家人和朋友的手机上，被拿到网上售卖。

为什么有的大学生会掉进裸贷的陷阱呢？

网上一些无良的自媒体天天给老百姓洗脑：你只有拥有高端的产品，才能拥有高级的人生……这似乎让人觉得，自己如果能够消费得起某些商品，就能获得别人的尊敬或认同。

绝大部分大学生只能靠父母给的生活费生活。如果有人“心比天高”，希望自己拥有最新款的手机、最好用的化妆品、最新季的包包，他就很容易因为虚荣心而选择用信用卡分期支付。

一旦形成了超出自己能力的消费习惯，消费金额就会越滚越大，你就会把“量入为出”的古训忘在脑后。而分期支付带来的马上消费，使一部分人得到了身边同龄人认可的满足感，又会让他们难以阻止自己的消费冲动。

只要不是靠自己的努力赚钱来消费自己愿意消费的产品，我们的现金流就一定会出问题。

如果你在读大学的时候习惯大手大脚花钱，那么到你上班时，父母不再提供生活费，便宜的大学食堂和小摊也没有了，加上交高昂的房租以及各种应酬、置装和日常开销，一个月的工资对你来说远远不够用。

我建议大学生提前养成一点理财习惯，我不是让大家去学投资，也不是教大家如何赚钱。特别提醒大学生，不要相信所谓的投资发财的项目，要小心一些渗透到校园里招摇撞骗的传销项目。我说的理财，其本质是培养我们对金钱的态度，让我们学会合理分配自己的金钱。大学生虽然还没有多少能力赚钱，但可以学会合理花钱。

**理财的第一步，从学会记账开始。**

在一定程度上，管好你的资金流向也就等于管好了你的人生。大学生每个月的生活费不多，但是只有从管小钱开始，对自己支出了多少、花在了什么方面做到心中有数，才能在工作以后管好更多的钱。

记账的过程让大家知道自己的钱是如何被分配和消费的，消费是否合理，进而调整自己的消费习惯，减少不必要的开销。

如果你习惯使用线上支付的话，那么你可以集中使用一个平台，这样你可以把大部分的金钱支出都归拢起来，而不是现金一堆、微信一堆、支付宝一堆、信用卡一堆、储蓄卡一堆。

支付宝有个很好的功能，每一笔通过支付宝支付的费用都会自动地被记录在“记账本”里，而且可以自行修改、补充、定义类型。你还可以选择自己喜欢的App或工具进行记账，比如用“随手记”App去定期复盘。

你可以每个月看看自己在餐饮、学习、买书、社交等方面花了多少钱。对每一个大用途都设定上限，比如买衣服不超过多少钱，快到上限了就不能再买了。

**理财的第二步，学会强制储蓄。**

《小狗钱钱》是一本很好的理财入门书，特别强调我们要养成固定强制储蓄的习惯。哪怕我们每个月只能支配1 000元，坚持每月存50元或者30元也是一个很好的习惯。

形成了存钱和理财的习惯，在赚钱能力差不多的情况下，你会因为积累更快比别人多很多安全感。**有安全感的人会更平和地面对挑战，没有安全感的人要么容易焦虑，要么容易冒险。**

**理财的第三步，尝试增加收入。**

如果你想给自己创造新的收入补贴生活，那么在不影响学业的前提下，你可以考虑勤工俭学的方式。比如，做家教、写软文、派传单、卖衣服等，既可以增加收入，又可以增长见识。

作为一个“穷学生”，你不要轻易被人忽悠去拿钱投资增值。虽然勤工俭学赚钱少，但是渠道正规，你可以凭借自己的劳动赚到一点钱。在能力不足的时候，我们不要总想着赚大钱，这不是一个好主意。

穷人理财的办法是“不折腾”。喜欢折腾的人容易高估自己的能力，反而因为缺乏判断力，被坏人利用。**任何时候，请记住，大学生的首要目标是学习各种能力，不是投资赚钱。**

如果你学习成绩出色，那么每年学校的各种奖学金对你来说也是一笔很好的收入。

**理财的第四步，尝试减少开支。**

如果你有很多想法想实现，那么你可以想想有什么更好的方式来满足自己的欲望。比如，用去异地找实习工作或去外地支教做义工的形式代替纯消费的旅游，你一样可以看到天南地北的世界。

如果你喜欢买书、看书，你就可以多关注一些读书大号和网站。你可以在它们打折的时候去买书，甚至通过转发抽奖得到赠书，这样你就可以节约很多成本。

**理财的第五步，先学会投资自己。**

如果你有闲钱可以投资，那么你可以试试投资基金和股票，积累投资经验。但是，你最好先读一读经济学、金融学、投资学的经典书籍，理解复杂经济世界背后的原理。

大学生学理财，最需要学习的是如何把有限的钱用在刀刃上，最好的理财莫过于正确地投资自己。

比如，为了学习一门技能，报一个质量和口碑都不错的培训班（天价培训班绝对不要考虑），为自己进入职场提前做好准备，这也是一种好的理财思维——让现在的自己多为将来的自己投资吧。

## 6.7

## 学会独立思考，不做键盘侠

现在很多人在网上看到了一件事情后，马上就洋洋洒洒地发表了一大段评论，好像自己知道真相一样。过了24小时，事情发生了反转，他们马上感到自己被欺骗了，于是又愤怒地跑到网上发表第二段评论。又过了24小时，事情又发生了反转……这样的事情大家都经历过吧？

我们必须意识到，网上很多阅读量10万+的文章所说的东西往往是混杂了主观情绪的观点。这些文章让你看到的不是真相，而是选择性事实，更不用说有些媒体所写的一切都是从个人立场出发的，它们大多不尊重事实，因而更谈不上讲道理、谈逻辑了。法国人勒庞写过一本书，叫《乌合之众》，大家可以了解一下，人在陷入群体性情绪的时候，会如何丧失自己的判断力和理性。

不是说你敢批判一切就叫有独立思考能力。现在，自己能独立思考已经变成一种时髦的标签。有些人以为，敢于批判一切、怀疑一切就是独立思考，这样的人在网上经常发表一些极端的言论，迎合者还特别多。他们不是独立思考者，而是把网络当作情绪发泄渠道。

我给大家的第一个建议是：**不要因为别人的立场和你不一致，就认定对方是坏人，是邪恶的，甚至一言不合就举报。所有的公共讨论，应该先基于事实，而不是先猜测别人的动机。**

一个人的心理活动是很难被揭示的，而法治精神就是坚持基于客观事实来举证。你批评一个人、肯定一个人，都应该基于客观的可以验证的事实，一定要养成检查事实是否可靠的习惯。

不是基于客观的可以验证的事实，哪怕是名人说的话，也不一定是对的。

畅销书作家格拉德威尔在《异类》一书中提出“一万小时定律”，书中的核心观点就是，要想成为专业人士，必须经过1万小时的练习。

但这个观点我很早就意识到不合理，因为我花在学英语上的时间早就超过了1万小时，除了让我苦不堪言，其实收获不大，甚至还让学英语成为我人生中最失败的一笔投资。当然，我坚决认为必须学好英语，并且价值很大，只是我花了不止1万小时，依然没有学好。

其实，你可以把1万小时理解为，在不同领域要成为顶级人士，都需要足够的高强度练习时间，而不能机械地将其理解为只要练习1万小时就能成功。关键是，在练习的过程中，我们要有科学的方法、教练的反馈，再坚持刻意练习，效果才能好。

另外，1万小时的说法强调了个人练习，但忽略了一类隐性知识。隐性知识是需要我们通过社交情景来学习的，这时同伴氛围就非常重要。比如，人际沟通能力就是我们很难通过阅读和自我训练习得的东西。

这个观点之所以得到很多人的认同，是因为和他们的学习经验相符。我们如果要真正建立科学精神，就得记住一个词：双盲实验。双盲实验是指被试者和实验者都不知道哪些被试者接受哪一种实验技术。这种实验方法用于防止研究结果被安慰剂效应或者观察者偏差影响。

眼见不一定为实，凡是不能被重复通过双盲实验的理论，在科学上都是需要接受质疑的。理解这一点，我们就不会轻易相信一些大师的奇迹，也许人家只是一个魔术高手。

但我们每个人很难在每个领域都有判断力，我们只能依赖专家或者有公信力的媒体的意见。

我给大家的第二个建议是：**要积累可信度高的信息源，如果我们无法判断信息源是否可靠，那么记住一点，对于不允许反对意见存在的信息源，我们都要提醒自己保持审慎态度。**

大学生能过五关斩六将来到大学校园，接受高等教育，在智力上一般都高出没有接受高等教育的人。但一个人的智力高，并不一定等于他就是一个理性的人，为什么会这样呢？

美国心理学家斯坦诺维奇在《超越智商》这本书里提出了一个观点，他说人有两种思考进程：一种思考进程是情绪化的，依赖直觉，反应快但容易出错；另一种思考进程是缓慢的，要基于抽象的规则，慢慢想但不容易错。

显然，后一种思考进程更容易培养理性，但对所有人都是一种考验，需要我们在后天学习。不过，也存在一种情况，即很多智力很高的人很容易把某些问题想清楚，也因此很快就会变得自负，内心慢慢看不起那些能力不如自己的人，忘记了自己也是这样成长过来的，逐步失去了自我反思能力，甚至会借助自己智力上的优势去攻击别人。

辩论一直是大学里非常流行的社团运动，特别是近年来《奇葩说》这个节目很火，大家很羡慕里面的选手的表达能力和反应速度。是不是能言善辩就代表独立思考能力强呢？

不过，读一下北京大学法学院毕业的张锐在《完美大学必修课》中写到的和朱苏力院长的一段碰面，也许我们会更有启发：

我颇带自豪地向苏力教授讲述了我们的辩论，请他给我一些指点，要知道，如果我们赢了，那可是代表北大法学院赢了！

苏力教授并没有像我想象中的那样热情地鼓励或者回应我，他淡淡一笑："我是不懂辩论的。我懂得分析问题，但辩论并不是一个分析问题的好办法。理屈词穷者并不一定真正被说服了，辩论很精彩但不一定有道理。很多真理不是在辩论中可以辩出来的，也不是越辩越明的。"

我被这个意外的、直率的评论打得有些转不过神来，但是隐隐又觉得这个道理其实是我一直怀疑和思考的，颇合我心。苏力教授向外走，半路转个身又说："在中国这种有着特殊辩论传统的国家，辩论中所体现和强化的一些思维习惯不见得是好事。不过，祝你们好运。"

辩论赛选手往往懂得太多的论辩技巧，很擅长为别人挖坑，让别人陷入逻辑不能自洽的境地，从而输掉"比赛"。但我们记住：**学会独立思考，不是为了赢，而是为了追求真相和真理。**

如何提高自己的独立思考能力？我们可以记住下面几个简单的提问，这些提问可以帮助我们梳理自己的思路。

（1）你想表达的观点是什么？

（2）你对在阐述观点时用到的名词的定义是什么？

（3）你有什么事实来支持你的观点？有没有被你选择性忽略的反面证据？你的事实证据可信度如何？如何验证？

其实，大部分人的观点很难推导到第三步，更谈不上什么独立思考、批判性思维。与其在网上争争吵吵，不如记住孔子说过的一句话：己所不欲，勿施于人。

当你不知道做一件事对不对时，你得问问自己，如果别人这样对你，你爽不爽？其实，答案往往就在其中了。

独立思考一时半会是学不会的，但我们至少要尝试一下换位思考。这样我们至少不会轻易地成为网上的键盘侠，陷入意气之争。孔子说，君子和而不同。每个人的价值取向是不同的，我们要彼此尊重，彼此包容。我想这才是一个文明社会应有的气度。

# 6.8

## 人生没有白走的路，每一步都算数

乔布斯在著名演讲“Stay Hungry，Stay Foolish”中分享了一个故事：

当时，里德学院有着大概是全国最好的书法指导课程。整个校园内的每一张海报上，每个抽屉的标签上，都是美丽的手写字。因为我休学了，可以不照正常选课程序来，所以我跑去学书法。我学了serif与san serif字体，学到在不同字母组合间变更字间距，学到活版印刷伟大的地方。书法的美好、历史感与艺术感是科学所无法捕捉的，我觉得那很迷人。

我没预期过学的这些东西能在我生活中起些什么实际作用，

不过十年后，当我在设计第一台麦金塔时，我想起了当时所学的东西，所以把这些东西都设计进了麦金塔里，这是第一台能印刷出漂亮东西的电脑。如果我没沉溺于那样一门课里，麦金塔可能就不会有多重字体跟变间距字体了。又因为Windows（微软视窗操作系统）抄袭了麦金塔的使用方式，如果当年我没这样做，那么大概世界上所有的个人电脑都不会有这些东西，也印不出现在我们看到的漂亮的字。当然，我还在大学里时，不可能把这些点点滴滴预先串在一起，但是这在十年后回顾就显得非常清楚。

我再说一次，你不能预先把点点滴滴串在一起；唯有未来回顾时，你才会明白那些点点滴滴是如何串在一起的。所以，你得相信，你现在所体会的东西，将来多少会连接在一块儿。你得信任某个东西，直觉也好，命运也好，生命也好，或者业力。这种做法从来没让我失望，也让我的人生整个不同起来。

在大学，我从来不鼓励大家只读书，也不鼓励大家只读和自己有关的书，以及只做和学习有关的事情。我们每个人都应该去多方位了解这个世界，甚至要做一些暂时看起来没有用的事情。这些都很重要，而且都是我们人生中很重要的成长过程。

在大学，10%的学生可能非常优秀，自动自发，努力向上；10%的同学难以约束自己，放任自流；但80%的同学可能浑浑噩噩、随波逐流，偶尔想努力，但经常半途而废。这些80%的孩子，在大学最大的困惑就是迷茫。

大学生常常会因为自己的反复陷入一种迷茫的状态，每天做什么事情都提不起精神，几个月都不想学习，觉得自己这样颓废下去就会荒废掉。

我想特别谈一谈的就是：**人生很长，没有人可以一直在进步，某个时段很颓废也是成长的一种方式。**

有时候，人不经历一些挣扎，就不会真正了解自己。知道如何从颓废中站起来，不长久沉湎其中才是最重要的。乔布斯在年轻时也有过荒诞不经的生活，但他通过生活理解了人性，这为他日后建立苹果公司起了很大的作用。

我的一个人生信条是：**坚持比爆发更重要。一个人问自己为什么没有爆发，往往是你坚持得还不够久。**

对于一个刚毕业的大学生来说，你能想象他有多好的理解力、阅读力、分析力、反应力、记忆力、语言力、写作力、组织力吗？这里面哪一种能力不需要枯燥的大量训练？

凡是可以速成的技能都不值钱。即使是有天赋的选手，也只有进行长期专业枯燥的训练，才有可能成为出众的人。

这个世界上的绝大部分技能，不会对你的智商有太高的要求。你需要做到熟能生巧，需要反复训练。

现在大家在大学里耐心积累，是为了让以后跑得更快。没有这些积累和磨炼，你就没有能量实现将来的梦想。耐心是成长的最大法宝。

好的人生，就是在每个阶段做对了每个阶段该做的事情。希望你们都能拥有这样的一个大学生活。

# 附　录

## 推荐阅读书单

书单中的每一本书都是秋叶老师或大头敏老师看过并强烈推荐的。你可以按照你的需求或者兴趣跳读或阅读，这些书保证是又好读又有益的。

### 大学生涯

1. 卡尔·纽波特《如何在大学里脱颖而出》
2. 夏烈《大学四年，如何让自己快速增值》
3. 蒲果泉、王伯庆《大学生存手册》（4册）
4. 琴娜娜、崔智现《读大学读什么怎么读》
5. 任羽中、张锐《完美大学必修课》
6. 陈春花《大学的意义》
7. 朱青生《十九札》
8. 查尔斯·李普森《诚实做学问》

### 学习方法论

1. 卡尔·纽波特《如何成为尖子生》

2. 成甲《好好学习》

3. 斯科特·扬《如何高效学习》

4. 安德斯·艾利克森《刻意练习》

5. 伍君仪、刘晓光《把你的英语用起来！》

6. 张五常《吾意独怜才》

7. 乔希·维茨金《学习之道》

8. 本尼迪克特·凯里《如何学习》

9. 加里·卡斯帕罗夫《棋与人生》

10. 秋叶《高效学习7堂课》

## 个人成长

1. 古典《拆掉思维里的墙》

2. 熊谷正寿《记事本圆梦计划》

3. 格拉宁《奇特的一生》

4. 刘未鹏《暗时间》

5. 戴维·艾伦《搞定》

6. 史蒂芬·科维、罗杰·梅里尔、丽贝卡·梅里尔《要事第一》

7. 史蒂夫·诺特伯格《单核工作法图解》

8. 秋叶《时间管理7堂课》

9. 基思·法拉奇、塔尔·雷兹《别独自用餐》

10. 罗伯特·B. 西奥迪尼《影响力》

## 阅 读

1. 莫提默·J. 艾德勒、查尔斯·范多伦《如何阅读一本书》
2. 郝明义《越读者》
3. 秋叶《阅读7堂课》
4. 二志成、郑会一《书都不会读，你还想成功》
5. 赵周《这样读书就够了》
6. 保罗·R. 席列《高倍速阅读法》
7. 尼尔·布朗、斯图尔特·基利《学会提问》
8. 文森特·赖安·拉吉罗《思考的艺术》

## 写 作

1. 凯特·L. 杜拉宾《芝加哥大学论文写作指南》
2. 王雨磊《学术论文写作与发表指引》
3. 毕恒达《教授为什么没告诉我》
4. 张静《社会学论文写作指南》
5. 劳伦斯·马奇、布伦达·麦克伊沃《怎样做文献综述》
6. 王鼎钧《文学种子》《讲理》《作文十九问》《作文七巧》
7. 舒明月《大师们的写作课》
8. 王梦奎《怎样写文章》
9. 克里斯·巴蒂《30天写小说》
10. 秋叶《写作7堂课》

## 通识教育

1. 黄仁宇《万历十五年》
2. 史蒂芬·B. 斯密什《耶鲁大学公开课：政治哲学》
3. 林欣浩《哲学家们都干了些什么》
4. 威尔·贡培兹《现代艺术150年》
5. 基辛格《论中国》
6. 罗宾·威廉姆斯《写给大家看的设计书》
7. 菲利普·津巴多、罗伯特·约翰逊、薇薇安·麦卡恩《津巴多普通心理学》
8. 尼尔·波兹曼《娱乐至死》
9. 钱穆《中国历代政治得失》
10. 勒庞《乌合之众》
11. 斯特凡·茨威格《昨日的世界》
12. 彼得·德鲁克《卓有成效的管理者》
13. 林达《历史深处的忧虑》《总统是靠不住的》《我也有一个梦想》《如彗星划过夜空》
14. 斯坦利·米尔格拉姆《对权威的服从》
15. 迈克尔·G. 罗斯金《政治学与生活》
16. 约翰·S. 戈登《伟大的博弈》
17. 刘瑜《民主的细节》
18. 丹尼尔·卡尼曼《思考，快与慢》
19. 乔纳森·海特《象与骑象人》
20. 查尔斯·都希格《习惯的力量》

## 技能教育

1.《和秋叶一起学PPT》

2.《和秋叶一起学Excel》

3.《和秋叶一起学Word》

4.彼得·迈尔斯、尚恩·尼克斯《高效演讲》

5.殷亚敏《21天掌握当众讲话诀窍》

6.亚伦·皮斯、芭芭拉·皮斯《身体语言密码》

7.巴里·麦克劳林《麦克劳林教你公开演讲》